Du hast recht, ich liege falsch
Weil gesunde, liebevolle Partner-
schaften nicht zufällig entstehen.

You're right, I'm wrong

Because a healthy partnership full of love does not come by chance

Du hast keine Ahnung, wie du deinen Partner glücklich machen kannst oder fragst dich, was er denkt? Du hast keine Ahnung, warum er sich über diese kleinen Dinge aufregt, bis zu dem Punkt, an dem du denkst, dass es keine Möglichkeit gibt, ihn jemals glücklich zu machen... also warum es überhaupt versuchen?

Hier ist ein schneller Test: Du hast deinen Partner verärgert, und er geht ins Schlafzimmer und schließt die Tür ab. Was solltest du tun?

A. Ihn alleine lassen, um sich abzukühlen oder
B. An die Tür Klopfen und sich entschuldigen

Wenn du A gewählt hast, dann hole dir dieses Buch.

Die Antwort ist B. Klopfe an die Tür und entschuldige dich. Aber du hattest nicht Unrecht! Warum entschuldigst du dich, wenn du dir sicher bist, dass du Recht hast! Die Antwort ist einfach: Du entschuldigst dich dafür, dass du mit deinem Partner nicht auf der gleichen Seite stehst. Wenn du dich nicht entschuldigst, wirst du im Elend in deinem eigenen Haus leben. Entschuldige dich, damit du und dein Partner wieder anfangen könnt, miteinander zu reden. Sich wieder zu verstehen. Und mit einem glücklichen Leben und einer glücklichen Partnerschaft weitermachen könnt. In diesem Buch geht es darum, ein fröhliches und glückliches Leben zu führen.

Du wirst deine vier Bedürfnisse zum Glücklichsein entdecken. Du wirst auch die vier Glücksbedürfnisse deines Partners kennenlernen. Du wirst lernen, wie Beziehungen durch vier Fehler schlecht werden, vier Stufen, die dein Partner durchläuft, und vier Lektionen, die dir nie beigebracht wurden. Und nachdem dir die Augen geöffnet wurden, bist du bereit für 16 tägliche Werkzeuge, um die vier Säulen zu reparieren, die entscheidend für eine gesunde Beziehung sind.

Die Ratschläge und Einsichten in diesem Buch können Singles dabei helfen, neue Beziehungen auf eine Weise anzugehen, die Freunde glücklich macht. Ist es nicht an der Zeit, all die albernen Spiele zu überspringen, die nur im Weg stehen? Egal, ob du das Gefühl hast, dass eine aktuelle Beziehung Verbesserungen gebrauchen könnte, oder ob du neu anfängst, dieses Buch wurde entwickelt, um deine Herangehensweise an Beziehungen zu verbessern.

Du hast recht, ich liege falsch

In diesem Buch dreht sich alles um eine großartige Beziehung. Es verfolgt einen einzigartigen Ansatz für deine Beziehung. In Teil 1 lernst du zu verstehen, wie deine Beziehung so geworden ist, wie sie ist. Du kannst einen Schritt zurücktreten und dich mit den Gemeinsamkeiten in deiner Beziehung verbinden. Das Ziel ist es, dir zu helfen zu verstehen, wie du unbewusst Probleme geschaffen hast. So kannst du dich auf den Weg machen und sie beheben.

Teil 2 hilft dir zu verstehen, warum es in deiner Beziehung bergab ging. Hier beginnst du zu sehen, was die Störungen verursacht hat. Du fängst an, deine Handlungen auf eine neue Art und Weise zu sehen und erkennst, wie sie deinen Partner beeinflussen. Sobald du das Wie und Warum verstanden hast, bist du auf einem guten Weg dahin, deine Beziehung wieder zu reparieren.

Teil 3 ist der wichtigste. Hier geht es darum, die Beziehung wieder in Ordnung zu bringen. Du wirst einen Schritt-für-Schritt-Ansatz kennenlernen, um deine Beziehung zu reparieren und sechzehn Werkzeuge, die du dafür brauchst. Wenn du das Buch liest, wirst du verstehen, was in deiner Beziehung repariert werden muss und, was noch wichtiger ist, welche Werkzeuge sie reparieren werden.

Ich kann dir nur ans Herz legen, dir das dazugehörige Workbook herunterzuladen, nachdem du dieses Buch gelesen hast. Du bekommst sechzehn weitere Werkzeuge plus ein Bonuskapitel über komplexe "Gepäckstücke". Das ist dann die Königsdisziplin.

Dieses Buch wurde so geschrieben, dass seine Inhalte auf alle Geschlechter und Beziehungen anwendbar sind. Abgesehen von den Bildern, ist dieses Buch nicht spezifisch für ein Geschlecht. Wenn von „dem" Partner gesprochen wird, kann jeder gemeint sein.Wenn du das Buch liest, wirst du sehen, welche Rolle du in diesem Buch spielst. Du wirst alltägliche Probleme in deiner Beziehung kennenlernen, von denen du gar nicht wusstest, dass sie überhaupt eine Rolle spielen. Später in diesem Buch wirst du sehen, wie alles zusammenhängt. Du wirst erkennen, dass in einer gesunden Beziehung jeder Partner auf den anderen angewiesen ist.

Veröffentlicht von Art and Living, Los Angeles, Kalifornien

www.artandliving.com
Gedruckt in den Vereinigten Staaten von Amerika

Widmung und Danksagung

Zuerst an die Liebe meines Lebens, die hinter mir stand, als ich durch meine Reise ging, um dieses Buch zu vollenden und es richtig zu machen.

An meine männlichen Freunde: Ich möchte mich bei euch für eure Geschichten und Erfahrungen bedanken, die ich mit euch teilen konnte - Jim Ferris, John Pattyson, Leon Johnny Harris, Ron Burkhardt, Michael Todd.

An die großartige Familie und Freunde, die dem Buch eine Perspektive gegeben haben - danke! Joannie Fair, Casey Fisher, Rayne Hagstrom, Aaron Iannello, Donna McCann PsyD, David Pfeiffer, Eileen Ney.

nhalt

Über den Autor
Jeff Marinelli ...

Jeff Marinelli ist ein Autor mit Hoffnung, Verleger, Philanthrop, Unternehmer und bester Freund für jeden, der daran arbeitet, eine bessere Partnerschaft aufzubauen. Er ist der Erste, der dir sagen wird, dass er kein Psychologe ist. Er hat aus tiefgreifenden Erfahrungen im persönlichen und beruflichen Umfeld gelernt und teilt diese Erkenntnisse nun. Als Gründer/ Herausgeber des Art and Living Magazins verbindet Jeff seit 2005 Publikum und Schöpfer, die das Leben bereichern. Als Gründer der Art and Living Charitable Foundation bringt Jeff Studenten die Künste durch engagierte Erfahrungen näher. Als Partner eines CEOs hat Jeff den hohen Stress des Unternehmenslebens hautnah miterlebt und bewiesen, dass er weiß, wie eine Partnerschaft auf die Probe gestellt werden kann und am Ende gestärkt daraus hervorgeht.

Über den Künstler
Gonzalo Duran

Gonzalo Duran ist ein Künstler aus Angeleno mit einer internationalen Anhängerschaft. Geboren in Mexiko, wanderte er als Kind in die USA aus und wuchs in East L.A. auf, bevor er das Otis Art Institute und die Chouinard Art School besuchte. Er wurde als der Marc Chagall des nördlichen und mittleren Amerikas bezeichnet. Seine brillante, manchmal verblüffende Farbpalette ergänzt seine grenzenlose Vorstellungskraft. Er betreibt das Mosaic Tile House zusammen mit seiner Frau, der Künstlerin Cheri Pann, von ihrem Haus in Venice, Kalifornien, aus.

Gonzalo war der perfekte Künstler für dieses Buch, denn er lebt, was in diesem Buch geschrieben steht. Gonzalo weiß: Wenn sein Partner glücklich ist, ist er es auch. Er erzählt die visuelle Geschichte des Buches durch seine Kunstwerke, und seine Werke sind ein wahres Geschenk für die Leser.

WIE GING ES SO BERGAB

TEIL 1:
WIE UND WARUM DU HIER HER GEKOMMEN BIST

SCHAUEN WIR DEN DINGEN INS AUGE

Kapitel 1:
Schauen wir der Wahrheit ins Auge

Es ist nicht die Aufgabe deines Partners, dich glücklich zu machen.
Glücklich sein ist deine eigene Aufgabe.

Du bist ein toller Partner, oder? Natürlich bist du das. Warum brauchst du
dann dieses Buch?

Lass uns ehrlich sein. Bist du so ein toller Partner, wie du sein könntest?
Oder weißt du manchmal vielleicht gar nicht, was deinen Partner glücklich
macht, woran er denkt oder warum er sich über scheinbar kleine Dinge aufregt? Fühlt sich das märchenhafte Leben, dass ihr einst gelebt habt, jetzt wie
ein schwieriger, komplizierter, endloser, undankbarer Job an?

Die Wahrheit ist, dass die meisten von uns Beziehungen eingehen, ohne viel
darüber zu wissen, was unsere Partner glücklich macht. Wir haben einfach
gedacht, dass uns harte Arbeit zum Glück führen könnte. Wieso sind unsere
Partner dann unglücklich? Manchmal fühlt es sich so an, als ob es keinen
Weg geben würde, unsere Partner zufriedenzustellen.

Letztendlich wollen die meisten Menschen einfach nur zusammen glücklich
sein. Sie wollen an Harmonie und Verbundenheit glauben. Sie wollen un-
komplizierten Spaß - Work hard, play hard.

In diesem Buch geht es darum, wie du mit deinem Partner ein tolles Leben
führen kannst - ohne großen Schnickschnack drumherum. Es geht darum,
sich daran zu erinnern, wie du die Person sein kannst, in die sich dein Partner verliebt hat, damit dein Partner dieses Gefühl wieder fühlen kann.

Damit du an diesen Punkt gelangst, musst du zuerst verstehen, was eine
Beziehung ausmacht. Dieses Buch wird dich durch dieses Minenfeld führen,
damit du wieder zu einer Beziehung gelangst, die in jeder Hinsicht großartig
ist: stark verbunden, mit Spaß und Ehrlichkeit und - natürlich - voller Liebe.

Dieses Buch wird dir helfen, jemand zu sein, der einen Partner verdient, der deine Bedürfnisse befriedigt - und es dir leicht macht, seine zu erfüllen. Wenn du diese Bindung zu deinem Partner verloren hast, brauchst du dieses Buch. Wenn es in eurer Beziehung aktuell nicht gut läuft oder du weißt, dass es besser sein könnte, brauchst du dieses Buch.

Der Alltag mit deinem Partner wird von vielen Dingen bestimmt. Wie du mit ihnen umgehst, ist der Schlüssel. An normalen Tagen läuft zwischen euch alles wie geschmiert. Was ist aber mit den Tagen, die nicht normal sind oder an denen unerwartete Probleme auftauchen?

Wir decken die Elemente auf, die deinen Partner stören könnten, so dass du Fallstricke und Probleme vermeiden kannst. Wenn du sie erkennst, kannst du mit Fürsorge und Liebe statt mit Stress reagieren. Dieses Buch zeigt dir, wie du die richtigen Entscheidungen triffst, um Probleme zu lösen und effektiv mit deinem Partner zu kommunizieren. Es ist kompliziert, aber nicht unmöglich. Ich zeige dir das Wie und Warum.

Oft höre ich Paare sagen: "Oh, wir streiten uns ab und zu ein bisschen, aber welche Paare tun das nicht? Wie kann mir dieses Buch denn helfen?" Wenn du es liest, wirst du es verstehen.

Ein Leben ohne die Liebe deines Lebens ist kein Leben.

Erinnere dich daran, die Dinge zu tun, die auch funktionieren

Ich bin kein Psychologe. Ich bin einfach nur ein Mann, der über viele Jahre hinweg durch praktische Lebenserfahrung gelernt hat, wie man eine starke Beziehung aufbaut. Ich habe meine Ratschläge mit Freunden geteilt. Sie fanden sie sehr nützlich. Jetzt teile ich sie mit dir.

Dieses Buch ist keine rein theoretische Abhandlung. Es ist eine praktische, leicht zu lesende Lektüre mit Beispielen aus dem echten Leben. Sie zeigt dir einen Weg auf, den jeder beschreiten kann, um eine Beziehung wieder auf Kurs zu bringen. Viele der in diesem Buch beschriebenen Erfahrungen werden dich an das erinnern, was du bereits weißt, aber vergessen hast, in der Praxis umzusetzen. Es erinnert dich an das, was ein Teil von dir bereits weiß, allerdings aus irgendwelchen Gründen verdrängt worden ist.

Vielleicht hast du die folgende Geschichte des Anthropologen Loren Eiseley schon einmal gehört. Sie ist die perfekte Analogie dafür, warum ich dieses Buch geschrieben habe:

Eines frühen Morgens ging ein alter Mann am Ufer entlang, nachdem ein großer Sturm vorbeigezogen war. Er erreichte den Strand und fand ihn mit Seesternen übersät. Dieser Anblick offenbarte sich ihm in beiden Richtungen, so weit das Auge reichte. In der Ferne erkannte der alte Mann einen kleinen Jungen, der ihm entgegenkam. Als der Junge den Strand entlang ging, hielt er ab und zu inne und bückte sich, um einen Gegenstand aufzuheben und ihn ins Meer zu werfen. Als der Junge näher kam, rief der Mann: "Guten Morgen! Darf ich dich fragen, was du da tust?"

Der Junge schaute auf und antwortete: "Ich werfe Seesterne ins Meer. Die Flut hat sie an den Strand gespült. Sie kommen nicht von selbst zurück ins Meer. Wenn die Sonne hoch steht, werden sie sterben, wenn ich sie nicht bis dahin zurück ins Wasser werfe."

Der alte Mann entgegnete ihm: "Aber hier liegen doch bestimmt Zehntausende von Seesternen rum. Ich fürchte, da wird das keinen Unterschied machen."

Der Junge bückte sich, hob einen weiteren Seestern auf und warf ihn, so weit er konnte, ins Meer. Dann drehte er sich um, lächelte und sagte: "Für diesen hat es einen Unterschied gemacht!"
Es liegt in deinen Händen

Du hast recht, ich liege falsch beginnt mit der Idee, dass du es in deinen Händen hast. Du hast die Kraft, deine Beziehung wieder zu reparieren. Natürlich gehören zu einer Beziehung immer zwei Personen. Allerdings können die positiven Auswirkungen der Handlungen einer Person manchmal den Unterschied machen. Es ist zu einfach, die Schuld für Beziehungsprobleme auf die andere Person zu schieben. Es ist zu einfach, sich zurückzulehnen und darauf zu warten, dass sich etwas ändert. Du hast nämlich mehr Kraft, als dir bewusst ist, wenn es darum geht, die Dinge wieder ins Lot zu bringen.

Beginne mit dem Gedanken, dass du der Fels in der Brandung der Beziehung bist. In meinem eigenen Leben halte ich mich an das weise Sprichwort "glückliche Ehefrau, glückliches Leben". Ich bin mit einer Frau verheiratet, die eine Geschäftsführerin war und daher immer nach Ergebnissen strebt. Sie hat genaue Erwartungen, sowohl bei der Arbeit als auch zu Hause. Ich habe gelernt und weiß, wie ich sicherstellen kann, dass ihre Bedürfnisse zuerst erfüllt werden. Dann, und nur dann, kann ich mich auf meine Arbeit, meine Hobbys - und dieses Buch - konzentrieren, ohne mich auch noch um unsere Beziehung kümmern zu müssen. Ich scherze manchmal, dass es meine Aufgabe im Leben ist, dafür zu sorgen, dass meine Frau nicht gestresst ist. Eine Sache versichere ich dir hier: Wenn sie nicht gestresst ist, bin ich es auch nicht.

Versuche, während des Lesens einen offenen Geist zu bewahren. Konzentriere dich auf das, was für dich relevant ist. Setze die Ideen in die Praxis um. Du wirst sehen, wie sich deine Beziehung zum Besseren verändert.

Dieses Buch ist nicht nur für Menschen in gefestigten Beziehungen geeignet. Es kann Singles helfen, neue Beziehungen so anzugehen, dass Freunde glücklich bleiben. Wie wäre es, wenn man die ganzen Spielchen nicht einfach überspringen könnte, die einem sowieso nur im Weg stehen? Egal, ob du das Gefühl hast, dass eine aktuelle Beziehung besser werden könnte oder du gerade einen Neustart machst, wurde dieses Buch entwickelt, um deine Herangehensweise an Beziehungen zu verbessern. Schließlich verdienst du eine Chance auf das bestmögliche Leben mit deinem Partner.

Kapitel 2:
Vier Fehler - Vier Lösungen

Beziehungen scheitern nicht mit einem einzigen großen Knall. Sie scheitern jeden Tag ein bisschen, wenn wir nicht aufpassen. Daher habe ich vier Fehler identifiziert, die Tag für Tag als keine große Sache erscheinen mögen, sich allerdings mit der Zeit immer weiter auftürmen und schließlich eine Beziehung zerstören können.

Hier ein kurzer Überblick über jeden Fehler, bevor wir sie uns genauer ansehen:

1. Vernachlässigen und Ignorieren deines Partners

Das passiert häufiger, als die meisten Menschen denken oder zugeben wollen. Das Vernachlässigen deines Partners beginnt häufig kaum wahrnehmbar - bis es irgendwann sehr gefährlich wird. Du vergisst einfach, dass dein Partner Gesellschaft, Kommunikation, Intimität, Liebe und deine Anwesenheit braucht.

Wie sieht das aus? Du arbeitest bis spät in den Abend hinein und manchmal auch am Wochenende. Dein Partner sagt: "Lass uns mal wieder essen gehen." Du sagst, dass du erschöpft bist und einfach nur entspannen willst. Dann ruft dein Freund an und sagt, dass er zwei Karten für das Spiel heute Abend hat. Du sagst deinem Partner, dass du dich entspannen musst. Also gehst du zu dem Spiel. Damit vernachlässigst du das Bedürfnis deines Partners, mit dir gemeinsam Zeit zu verbringen.

2. Eine Anspruchshaltung

Hast du das Gefühl, dass dir bestimmte Dinge zustehen oder du von bestimmten Pflichten befreit bist? Gelten die Regeln für alle außer für dich? Eine Anspruchshaltung kann in manchen Bereichen ein Wettbewerbsvorteil sein - in einer Beziehung kann sie aber eine starke Bindung zu deinem Partner zerstören.

Wie sieht das aus? Wie sieht das aus? Dein Partner macht den Einkauf, kocht das Abendessen, räumt das Geschirr ab und bittet dich, den Müll rauszubringen. Aber du vergisst es. Du hast andere Dinge zu tun. Du bist beschäftigt (fernsehen, joggen, mit Freunden quatschen, deine Social Media Feeds checken). Kann das nicht jemand anderes machen? Das ist eine Anspruchshaltung. Kannst du sehen, warum das ein echtes Problem ist?

3. Das Setzen falscher Erwartungen
Erwartungen zu stellen, die dann nicht erfüllt werden, kann nur dazu führen, dass sich dein Partner frustriert und übergangen fühlt. Du belügst dich selbst darüber, was du wirklich bereit bist, in der Beziehung zu tun oder zu sein. Warum sollte dein Partner dem, was du sagst, vertrauen, wenn du ständig unzuverlässig bist?

Wie sieht das aus? Du sagst: "Ich bin in einer Stunde zu Hause" und tauchst drei Stunden später auf. Egal ob die Ausrede (und wir wissen, dass du eine hast) legitim oder faul ist, hast du trotzdem eine Erwartung gesetzt und sie dann nicht erfüllt. Vielleicht sagst du: "Ich streiche dieses Wochenende das Kinderzimmer" und sechs Monate später stehen die Farbdosen immer noch in der Garage. Das ist keine Beziehung. Du bist zu einem unangenehmen Mitbewohner geworden.

4. Lügen erzählen und Geheimnisse bewahren
Notlügen und kleine Geheimnisse sind das Gift gesunder Beziehungen. Warum sind sie so eine große Sache für deinen Partner? Weil dein Partner an dich glaubt. Dein Partner ist die einzige Person, mit der du vollkommen ehrlich sein und alles teilen solltest. (Sogar die Gerichte sehen das so, denn in vielen Staaten darfst du niemals gegen deinen Partner aussagen.) Lügen und Geheimnisse sind eine große Sache, weil sie einen Keil des Zweifels bilden, der Misstrauen und Angst schürt. Wie viele andere Lügen oder Geheimnisse hast du noch? Häufen sie sich an und führen zu einer Krise? Der Kern dieser Sorge ist die Angst des Partners, dass die Person, die er liebt, sich in jemanden verwandelt hat, den er gar nicht mehr kennt.

Wie sieht das aus? Ein Familienmitglied bittet dich immer wieder um Geld und du und dein Partner seid euch einig, dass ihr es euch nicht leisten könnt, es zu unterstützen. Dann bekommst du eines Tages einen Anruf und es ist das Familienmitglied, das dich schon wieder anruft. Es ist nicht viel Geld. Keine große Sache, oder? Du gibst nach, sagst es aber deinem Partner nicht. Ein paar Wochen vergehen, dein Partner findet es heraus, und sie dreht durch.

Schauen wir uns nun die wahren Zusammenhänge und Auswirkungen dieser vier Fehler an und wie sie sich auf deine Beziehung auswirken. Dies ist die Achterbahn einer Beziehung. Du wirst sehen, warum diese Fehler so harte Stürze verursachen können.

Fehler 1:
Vernachlässigen und Ignorieren deines Partners

Wenn ein Partner sich vernachlässigt fühlt, werden seine Bedürfnisse nicht erfüllt. Wäre es nicht toll, wenn dein Partner sich immer geschätzt und gebraucht fühlen würde? Ich meine nicht "gebraucht", weil sie sich im Leben um dich kümmern. Ich meine gebraucht, weil du für sie da bist. Ich meine, dass dein Partner weiß, dass du verrückt nach ihm bist - er fühlt sich nicht nur gebraucht, sondern auch gewollt. Ein Partner, der spürt, dass sich dein Leben um ihn dreht, wird sich nie vernachlässigt fühlen. Dein Partner fühlt sich also geliebt und geschätzt. Du zeigst deine Fürsorge und Unterstützung für ihn.

Es gibt so viele Dinge, die uns im Alltag beschäftigen - Familie, Freunde, Gesundheit, Hobbys, Sport, Kinder, Arbeit... Wenn man alles nur einem Partner überlässt, kann die Zeit und Aufmerksamkeit, die diese Dinge in Anspruch nehmen, dazu führen, dass sich der andere Partner vernachlässigt fühlt. Verstehe das aber bitte nicht falsch: Die Vernachlässigung entsteht durch die Entscheidungen, die du triffst. Ganz gleich, ob du dir zu viel oder zu wenig vornimmst. Das Endergebnis ist, dass du deine Zeit und Aufmerksamkeit nicht in einem ausgewogenen Verhältnis mit deinem Partner teilst. Es hat dann den Anschein, dass du deine Zeit für wichtiger hältst, als dich mit den Dingen zu beschäftigen, die deinem Partner am Herzen liegen. Er versteht deine Prioritäten nicht. Du verstehst seine nicht. Hast du dich schon einmal dabei ertappt, wie du folgendes gedacht hast: „Warum ist das jetzt so eine große Sache? Warum kann das nicht einfach mein Partner erledigen?" Genau dieser Gedanke resultiert irgendwann in der Vernachlässigung des Partners.

Denke daran - Vernachlässigung schleicht sich in Beziehungen oft langsam ein. Sie ist das Resultat von Entscheidungen, die du jeden Tag triffst. Wenn du dich hier wiederfindest, ist es an der Zeit, umzudenken.

WIE SIEHT VERNACHLÄSSIGUNG AUS?

Stellst du dich bei Unstimmigkeiten in der Familie auf die Seite deiner Familie oder auf die deines Partners? Drängst du deinen Partner an Feiertagen und bei Veranstaltungen dazu, Dinge zu tun, die er nicht möchte, damit du deine Familie zufriedenstellen kannst? Streitest du dich oft mit deinem Partner über Familienangelegenheiten und denkst, dass dein Partner alles schwieriger macht, als es sein sollte? Verbringst du mehr Zeit mit deiner Familie als mit deinem Partner? Wenn ja, dann ist das Vernachlässigung.

Wie sieht es mit deinen Freunden aus? Teilst du mit deinen Freunden mehr Informationen über deinen Partner als nötig? Sind deine Freunde öfter bei dir, als es deinem Partner lieb ist? Hast du das Gefühl, dass deine Freunde deine Anlaufstelle in schwierigen Momenten sind? Wirft dir dein Partner vor, dass du zu viel Zeit mit deinen Freunden verbringst? Wenn einer dieser Punkte zutrifft, ist das Vernachlässigung.

Ertappst du dich dabei, dass du deinem Partner sagst: "Ich brauche nur ein bisschen mehr Zeit", wenn es um Hobbys, Videospiele, Fantasy Football und Sport geht? Es ist toll, wenn dein Partner diese Aktivitäten auch mag, aber was ist mit einem Partner, der das nicht tut? Ist deine gesamte Freizeit an diese Aktivitäten gebunden? Holst du deinem Partner am Sonntagmorgen Kaffee oder Frühstück? Oder sitzt du vor dem Fernseher und schaust deinen Lieblingssportkanal und gehst die Ergebnisse von gestern und den Spielplan von heute durch? Kennst du alle Statistiken deiner Lieblingsmannschaften, aber vergisst den Geburtstag oder das Jubiläum mit deinem Partner? Das ist Vernachlässigung.

Wieviel leistest du, wenn es um eure Kinder geht? Es ist erstaunlich, wie oft immer derselbe Elternteil die Kinder in der Schule abliefert. Man sollte meinen, in der heutigen Zeit teilen sich beide Elternteile die Betreuung der Kinder, aber oh nein! Kümmerst du dich um die außerschulischen Aktivitäten deiner Kinder? Holst du sie vom Musikunterricht, Fußballtraining oder Schwimmen ab? Wie sieht es hier aus? Bist du präsent oder nur selten gesehen? Wenn du automatisch davon ausgehst, dass dein Partner die ganze Zeit alles im Griff hat, vernachlässigst du deinen Partner.

Hältst du für deinen Partner inne und lässt ihn einfach reden, wenn er Probleme hat? Das erfordert, dass du dir tatsächlich Zeit aus deinem vollen Terminkalender nimmst und alles für deinen Partner auf Eis legst. Glaubst du, dass du einfach zu beschäftigt bist, und es Zeitverschwendung ist, wenn dein Partner nichts Wichtiges zu sagen hat? Wenn du so denkst, dann vernachlässigst du deinen Partner.

Arbeitest du viel zu viel? Hast du Probleme, Grenzen zwischen der Arbeit und deinem Familienleben zu setzen? Hast du jemals das Geburtstagsessen deines Partners wegen der Arbeit abgesagt? Das ist Vernachlässigung.

Bist du, wenn du nachhause kommst, erschöpft oder vollkommen bereit und da für deinen Partner? Hast du das Gefühl, dass Wochenenden deine Auszeit sind und du nicht gestört werden solltest? Frage dich, ob dein Partner immer nur das bekommt, was von deiner Zeit und Energie übrigbleibt. Wenn das der Fall ist, kann sich dein Partner vernachlässigt fühlen.

Hast du Probleme mit Abhängigkeiten oder Depressionen oder leidest du unter vergangenen Traumata? Du hast gute und schlechte Tage, und zusammen mit einer vollen Arbeitswoche und der Anzahl der Stunden, die du mit Fantasy Football oder deinen Hobbys verbringst, bleibt nicht viel Zeit für deinen Partner. Wenn du deine Energie für so viele Dinge aufopferst, vernachlässigst du am Ende deinen Partner.

Findest du, dass dein Partner die ganze Zeit nur sauer ist? Vielleicht will dein Partner keine Romantik oder Intimität mehr in euren vollen Terminkalender quetschen, so wie ihr es früher getan habt. Fühlt es sich an, als ob du bestraft wirst und du kannst nicht herausfinden, warum? Wenn du dich fragst, was mit deinem Partner los ist, solltest du in Erwägung ziehen, dass er vernachlässigt wird.

Es ist leicht, so beschäftigt zu sein, dass du deinen Partner vernachlässigst, ohne, dass es dir überhaupt bewusst ist. Wenn du aufmerksam wärst, hättest du die Zeichen, dass dein Partner sich vernachlässigt und ignoriert fühlt, laut und deutlich wahrgenommen. Hast du schon einmal gehört: "Bitte nimm dein Handy nicht mit an den Tisch" oder "Nimm deinen Laptop nicht mit ins Bett" oder "Es ist Zeit, ins Bett zu gehen - mach bitte den Fernseher aus" oder "Bitte komm heute früher nach Hause, es ist unser Jahrestag" oder "Bitte hilf mehr mit"? Es ist nicht leicht, das zu hören. Es ist einfacher, sich ablenken zu lassen und mit anderen Dingen beschäftigt zu sein. Nach einer Weile hört dein Partner einfach auf, zu fragen.

Ich glaube, dass die meisten Partner vernünftig sind und dir viel mehr Spielraum geben, als du vielleicht zugeben willst. Die meiste Zeit bist du aber so beschäftigt, dass du gar nicht merkst, wie falsch du dich verhältst, die Wünsche deines Partners ausblendest und dann Ausreden suchst.

Hast du dich jemals gefragt, warum dein Partner immer so wütend zu werden scheint und dann ausrastet? Er ist einfach an einem Punkt angelangt, an dem er genug hat.

Erst wenn dein Partner laut wird, schaltest du einen Gang zurück und kümmerst dich um ihn. Sobald die Krise vorbei ist, kehrst du zu den gleichen schlechten Gewohnheiten zurück. Was für ein Partner bist du also? Bist du ein aktiver oder passiver Partner? Erfüllst du die emotionalen Bedürfnisse deines Partners, und bist du präsent? Wie oft kommst du von der Arbeit nach Hause, legst dich auf die Couch, schaltest den Fernseher ein und schaltest ab? Oder kommst du nach Hause und kümmerst dich um das, was dein Partner braucht?

Es ist nur natürlich, dass dein Partner denkt, dass du verrückt nach ihm bist, ihn liebst, ihn toll findest und ihn brauchst. Das ist die menschliche Natur. Dein Partner hat sein ganzes Leben auf dich gesetzt. Du warst seine Wahl. Kümmerst du dich also auf eine Art und Weise um deinen Partner, die zeigt, dass er die richtige Wahl getroffen hat?

Wenn ihr euch schon lange in dieser Phase der Vernachlässigung befindet, dann seid ihr in eurer Beziehung wohl schon ein paar Stufen niedriger. Du wirst über diese Stufen im nächsten Kapitel lernen. Diese Stufen können deinen Partner von dem, den du anfangs kennengelernt hast, zu einer Person verändern, die nicht mehr dein Partner sein will. Je mehr du deinen Partner vernachlässigst und ignorierst, desto mehr wird er sich verändern, um seine Gefühle zu schützen. Deshalb sage ich, dass du an der Wurzel des Problems stehst. Sobald du deine Augen geöffnet hast, ist es an der Zeit, deine Entscheidungen zu ändern, um die Dinge gerade zu rücken. Andernfalls wachst du vielleicht eines Tages auf und erkennst die Person, die du deinen Partner nennst, gar nicht mehr wieder.

WAS DU TUN KANNST: SEI PRÄSENT

Wie kannst du den Schaden, der durch die Vernachlässigung entstanden ist, rückgängig machen? Schau auf die kleinen Dinge und tue sie jeden Tag.

Beginne den Morgen, indem du deinem Partner einen Kaffee bringst. Mach einen schlechten Tag für deinen Partner ein bisschen besser, indem du ihn an der Tür mit einem Glas Wein empfängst oder, noch besser, das Abendessen schon bereithältst, wenn er nach Hause kommt. Weißt du, warum Menschen Hunde lieben? Weil sie dich, wenn du nach Hause kommst, normalerweise schwanzwedelnd begrüßen und sich immer freuen, dich zu sehen. Verstehst du, worauf ich hinaus will? Wenn du zu Hause bist, solltest du dich um deinen Partner kümmern!

Kein Computer, kein Telefon, keine SMS. Sag deinem Partner öfters, dass du ihn vermisst. Verbringe wertvolle Zeit mit ihm, hilf ihm beim Abwasch, erstelle eine "To-do"-Liste, hilf den Kindern bei den Hausaufgaben und sorge dafür, dass ihr zusammen fernseht. Das bedeutet, dass du die Fernbedienung aus der Hand gibst, um das zu sehen, was dein Partner sehen möchte. Mach es dir gemütlich und lass dich auf ein Gespräch unter vier Augen ein. Lass deinen Partner über seinen Tag sprechen - nur zehn Minuten am Tag, um sich zu entspannen.

Ein zehnminütiges Werkzeug, das deinem Partner helfen wird, sich geliebt, ausgeglichen und verbunden zu fühlen, findest du unter

www.Duhastrechtichliegefalsch.de

LÖSUNG: EINE AUSGEGLICHENE BEZIEHUNG

In deinem Leben übernehmen beide Partner gemeinsam Verantwortung und haben das Privileg, sich gegenseitig zu unterstützen. Viele Menschen kennen Teamarbeit von der Arbeit. Diese Fähigkeit kann allerdings auch zu Hause angewendet werden.

In einer liebevollen Beziehung bedeutet Unterstützung, das emotionale Gewicht des Lebens deines Partners zu tragen, während du mit deinem eigenen Stress fertig wirst. Das Schöne daran ist, dass eine Beziehung dann erfolgreich ist, wenn Liebe, Zuneigung und Verständnis erwidert werden. Mit Gesprächen kommt Verbindung. Im Gegenzug behält dein Partner seinen Verstand, baut eine bedeutungsvollere Bindung zu dir auf und arbeitet im Gegenzug daran, deine Bedürfnisse zu erfüllen. Wenn du dir Mühe gibst, fühlt sich dein Partner sicher. Du stehst hinter ihm. Das ist eine Beziehung. Es geht um Geben und Nehmen - nicht nur um Nehmen. Wenn du die Belastungen und Freuden deines Partners teilst, entsteht Intimität. Du wirst einem ausgeglichenen Leben näherkommen. Wenn das bedeutet, dass du aufgrund deines Terminkalenders kein Fantasy Football spielen kannst, oder du um 7 Uhr morgens los musst, um Milch für die Kinder zu holen, oder du früher von der Arbeit gehen musst, weil dein Partner dich braucht, dann ist das eben so. Das Ziel ist es, eine ausgeglichene Beziehung zu schaffen.

32

Fehler 2:
Eine Anspruchshaltung

Die Definition von Gleichheit ist der Zustand, gleich zu sein. Das bezieht sich vor allem auf Status, Rechte und Möglichkeiten. Die Frage, die du dir nun also stellen solltest: Hast du eine zu hohe Anspruchshaltung, wenn es um deine Beziehung geht? Denkst du, dass du Anspruch auf eine bessere Behandlung als dein Partner hast, weil du mehr Geld verdienst als er? Denkst du, dass du härter arbeitest oder mehr Auszeiten brauchst als dein Partner? Hat dein Partner einen weiteren Vollzeitjob, der daraus besteht, sich um dich zu kümmern?

Wenn dein Partner sich um all die tollen Dinge kümmert, die du liebst und für die du hart arbeitest, und du nicht das Gleiche tust, nimmst du deinen Partner wahrscheinlich als selbstverständlich hin. Aber wer hat dir einen Freifahrtschein dafür ausgestellt, dich nicht gleichermaßen um deinen Partner zu kümmern?

Ist Streiten die Norm in eurer Beziehung? Kommt es häufiger vor, als einer von euch beiden verkraften kann? Wenn das der Fall ist, musst du herausfinden, warum es immer wieder zu Streitigkeiten kommt. Geht es darum, dass du zu viel Geld ausgibst? Oder du bist nie zu Hause? Oder hilfst du nie genug mit? Die Wahrheit ist, dass du nicht nur auf deinen Arbeitsplan schauen musst, sondern auch auf den deines Partners. Wenn dein Partner eine lange Arbeitswoche hat, musst du dich mehr um den Haushalt kümmern. Wenn du länger arbeitest, muss dein Partner das Gleiche tun. Wenn dein Partner wirklich anstrengende Wochen hat und dann nach Hause kommt und den Großteil der Hausarbeit übernimmt, ist das nicht fair. Das ist eine Anspruchshaltung, die ein Problem ist und unbedingt abgestellt werden muss.

Angenommen, du bist der Versorger in der Familie. Das ist großartig. Die Frage, die du dir nun aber stellen musst, ist, ob du deinen Partner respektierst. Denkst du, dass alle wichtigen Entscheidungen von dir oder von euch gemeinsam getroffen werden? Wo bleibt da die Gleichberechtigung, wenn du alle Entscheidungen triffst? Wie kann das fair sein? Wie kann das sein? Wenn du auch nur eine Minute lang denkst, dass du alle wichtigen Entscheidungen treffen solltest, wird dein Partner am Endc voller Unmut sein.

Wenn du dich in dieser Situation befindest und denkst, dass dein Partner damit einverstanden ist, habe ich Neuigkeiten für dich. Du machst dir selbst etwas vor. Alle Partner haben das Bedürfnis, gehört und respektiert zu werden. Dabei geht es nicht darum, wie mächtig du bist oder wie viel Geld du verdienst. Es ist ihnen einfach egal. Zu Hause bist du einfach nur ein Partner. Sie kennen dein wahres Ich. Mach es richtig und sorge dafür, dass ihr eine Beziehung auf Augenhöhe führt.

Was ist fair an einer Situation, in der dein Partner genauso hart arbeitet wie du, du aber immer noch an deinen Ansprüchen festhältst? Wo ist die faire Verteilung in eurer Beziehung? Klingt wie ein Deal, bei dem eine Seite ziemlich über den Tisch gezogen wird.

Es kann sein, dass du Dutzende von Dingen gleichzeitig in deinem Kopf hast. Es könnte die Arbeit sein, Wochenendpläne, Fußball, Golfen oder familiärer Druck. Du bist so beschäftigt, dass du nur auf dem Klo die Chance hast, dir die Statistiken der Spieler anzusehen. Du kommst von der Arbeit nach Hause und alles, was du tun willst, ist chillen. Du lässt dich vor den Fernseher plumpsen, bittest deinen Partner, dir ein Bier aufzumachen und fühlst dich im Recht mit deiner Auszeit, ohne überhaupt zu bemerken, dass dein Partner existiert. Echt jetzt?

WAS DU TUN KANNST: FAIR SEIN

Mach es dir zur Gewohnheit, dass du das nächste Mal, wenn du nach Hause kommst, als erstes deinen Partner suchst, ihn küsst und etwas Nettes sagst. Wir alle haben gute Tage und schlechte Tage. Mache es dir zur Gewohnheit, darauf zu achten, wie der Tag deines Partners gelaufen ist. Wenn du denkst, dass er einen schlechten Tag hatte, kümmere dich noch mehr um ihn. Lass deinen Partner auf der Couch entspannen, während du dich um das Abendessen und den Abwasch kümmerst.

Nutze deine guten Tage und übernimm die komplette Kontrolle über alles - kochen, putzen, Wäsche waschen und einkaufen. Wenn du nicht weißt, wie du diese Aufgaben erledigen sollst, gehe auf YouTube, um es herauszufinden. Ich glaube an dich! Ich bin verblüfft, wenn intelligente Menschen Dinge sagen wie: "Ich weiß nicht, wie man eine Spülmaschine oder einen Staubsauger bedient", während sie behaupten, sie wüssten so viel über alles andere. Geld ist nicht der Schlüssel zum Herzen deines Partners. Mithelfen und mit anpacken schon.

LÖSUNG: EINE BEZIEHUNG AUF AUGENHÖHE

Ihr müsst eine Beziehung auf Augenhöhe führen. "Auf Augenhöhe" bedeutet nicht, dass ihr in allen Aspekten der Beziehung gleichgestellt seid. Das ist nicht möglich. Du hast bestimmte einzigartige Fähigkeiten, und dein Partner hat seine. Es ist eine Beziehung auf Augenhöhe, wenn du das anerkennst und ihr euch darauf einigt, wer was aufgrund seiner individuellen Fähigkeiten macht. Das Ziel ist es, zusammen zu kommen.

Wenn dein Partner viel über Finanzen oder Steuern weiß, dann ist das seine Aufgabe. Wenn du besser darin bist, auf Details im Haus zu achten, dann ist das dein Job. Teilt es nur fair auf. Wenn deine Aufgaben eine Stunde in Anspruch nehmen und die deines Partners fünf, musst du andere Aufgaben übernehmen, um es auszugleichen. Sprecht über Aufgaben im Haushalt, Finanzen, Kinder und alle Aktivitäten, die ihr beide zum Leben braucht. Bestimme, welcher Partner besser für die jeweiligen Aufgaben ist und sei fair. Teilt euch die Aufgaben gegenseitig nach Zeit auf. Stelle sicher, dass ihr beide einverstanden seid. Teilt die Aufgaben basierend auf euren Fähigkeiten auf und haltet euch an den Plan. Du erledigst deine Aufgaben und dein Partner macht die seinen. Wenn du deine Aufgaben mal nicht machst und von deinem Partner erwartest, dass er alle Aufgaben erledigt, hat dein Partner das Recht, in Hausstreik zu treten. Es ist an der Zeit, mit dem Nehmen aufzuhören und mehr zu geben.

Wenn du mit der Arbeit überfordert bist und versuchst, alle deine Sportarten und Hobbys in deinen verrückten Zeitplan für die nächsten Monate einzubauen, musst du einige dieser Aktivitäten einschränken, damit du Zeit für deinen Partner hast. Sobald du bei der Arbeit wieder weniger zu tun hast, kannst du deine Hobbys und Sportarten wieder aufnehmen, solange du dir Zeit für deinen Partner nimmst. Denke zuerst an deinen Partner, und danach an alles andere. Denn wenn du jemals deinen Job verlierst, ein Spiel nicht gucken kannst oder eine schlechte Nacht hast, hast du deinen Partner, zu dem du nach Hause kommst. Er wird für dich da sein - in guten und in schlechten Zeiten.

Fehler 3:
Das Setzten falscher Erwartungen

Wie oft sagst du, dass du etwas tun wirst und machst es dann nicht? Sagst du deinem Partner, dass du etwas tun wirst und vergisst es dann? Versprichst du, die Kinder von der Schule abzuholen und rufst dann deinen Partner an, um ihm zu sagen, dass du es vergessen hast, weil dein Tag so verrückt war und fragst ihn, ob er es machen kann? Wie fühlt sich dein Partner, wenn du sagst, dass du zum Abendessen zu Hause sein wirst, du aber zu spät kommst - immer und immer wieder? Wieviel Zweifel und Unmut pflanzt du in das Herz und den Verstand deines Partners?

Was ist, wenn du gesagt hast, du würdest dich um etwas kümmern und es vergessen hast? Du hast es ernst gemeint, als du es gesagt hast, aber du hast dich aus einem Grund ablenken lassen, der deine Bedürfnisse über die Verpflichtung stellt, die du gerade eingegangen bist. Denkst du, dass dies deinem Partner ein falsches Gefühl der Hoffnung geben könnte? Wie sollte sich dein Partner fühlen? Enttäuscht? Traurig? Wütend? Oder entsetzt? Hat er das Gefühl, dass du ihn regelrecht belogen, manipuliert oder betrogen hast? Vertraut er noch in deine Worte? Wie sollten sie sich fühlen? Wie würdest du dich fühlen?

All die Male, in denen du deine Versprechen nicht einhältst, können dazu führen, dass sich dein Partner im Stich gelassen fühlt. Was auch immer du getan hast, war wichtiger, als dein Wort zu halten. In Beziehungen, in denen ein Elternteil zu Hause bleibt, kann das zu Ärger oder Eifersucht führen. Du scheinst immer noch für deine Zeit verantwortlich zu sein, gehst aus und machst immer noch die Dinge, die du gerne tust. Währenddessen besteht das Leben deines Partners daraus, zu Hause zu bleiben und dafür zu sorgen, dass die Familie funktioniert. Dein Partner hat wenig oder gar keine Zeit für sich selbst, für Spaß oder Freunde.

Es kommt auf Folgendes an: Fühlt sich dein Partner sicher in eurer Beziehung? Gibst du ihm das Gefühl, dass etwas anderes in deinem Leben passiert, das wichtiger ist als er selbst? Wenn sich dein Partner von dir ausgeschlossen fühlt, könnte er sich mit der Zeit zu einem Partner entwickeln, den du irgendwann nicht mehr wiedererkennst. Der lustige, liebevolle und fürsorgliche Partner, in den du dich verliebt hast, wird das Haus verlassen haben. Die Liebe, die er für dich empfunden hat, wird aus dem Bedürfnis heraus, sich selbst davor zu schützen, verletzt zu werden, verdrängt worden sein.

Diese Art der Behandlung trifft das Selbstbild eines Partners hart. Eine Person, die sich nicht geliebt fühlt, lässt sich oft gehen. Du fütterst sein niedriges Selbstwertgefühl mit deinen Kommentaren über sein Gewicht, sein Aussehen oder dass er sich nie um sich selbst kümmert. Dein Partner fühlt sich vielleicht alt und nicht mehr so schön, wie er einmal war. Zu wissen, dass du auf der Arbeit mit jüngeren, attraktiven Menschen Zeit verbringst, macht es nur noch schlimmer.

Denkst du, dass die falschen Erwartungen, die du an deinen Partner stellst, seine emotionale Gesundheit beeinträchtigen könnten? Anstatt sich heruntergezogen zu fühlen, müssen sie sich wieder geliebt fühlen. Du musst sie beruhigen, akzeptieren wie sie sind, und sie ermutigen. Hat dein Partner die Stufe erreicht, in der er nicht mehr wütend wird, weil er weiß, dass er sich nicht auf dich verlassen kann? Glauben er, dass es einfacher ist, eine Aufgabe oder Aktivität selbst zu erledigen und dich gar nicht mit einzubeziehen?

Eine Konsequenz für einen Partner, der das Gefühl der Sicherheit verloren hat, ist, dass gesundheitliche Probleme wie Gewichtszunahme, Depressionen und ein niedriges Selbstbild auftreten können. Sie verlieren die Motivation, zu trainieren, zu laufen oder Yoga zu machen, gesunde Mahlzeiten zu planen und sich auf andere Weise um sich selbst zu kümmern.

Wenn du gestresst und erschöpft bist, ist deine mentale Willenskraft auch schnell erschöpft. Wenn deine Willenskraft stark ist, bist du in der Lage, bestimmten Dingen zu widerstehen, weil du weißt, dass du sie nicht tun solltest. Wenn du aber aufgrund von Erschöpfung und Stress keine Willenskraft hast, kannst du auch mal schnell eine ganze Tafel Schokolade essen und es lieben. Du wirst dich danach zwr selbst hassen, aber für den Moment war es das einzig Wahre. Wenn die Willenskraft weg ist, gibt es keine Grenzen mehr. Dir bleibt nur das Bedürfnis dich sündahften Genüssen hinzugeben, um die Leere der Traurigkeit vollständig zu füllen, weil du keine Kraft hast, die richtigen Entscheidungen zu treffen.

WAS DU TUN KANNST: SEI EIN GUTER PARTNER

Es ist deine Aufgabe, deinem Partner den Stress zu nehmen. Versprechen zu machen und sie einzuhalten ist eine Grundvoraussetzung. Wenn du deinem Partner das nächste Mal sagst, dass du die Garage aufräumen, das Kinderzimmer streichen, die Terrasse fertig bauen oder das Auto reparieren lassen willst, dann tu es. Mach dir einfach Kopfhörer rein, hör dir das Spiel an und erledige es.

Denke an all die Dinge im Leben, die irgendeine Art von Stress mit sich bringen können. Höre zu, was dein Partner dir darüber erzählt, was ihm Stress bereitet. Stelle seine Ansichtsweise nicht in Frage. Deine Aufgabe ist es, ihm zu glauben und ihm den Druck von den Schultern zu nehmen.

Es geht zuerst darum, einen glücklichen Partner zu haben. Danach kannst du rausgehen und eine Runde Golf spielen oder mit deinen Freunden etwas unternehmen. Du musst deine Prioritäten neu setzen. Wenn du das tust, wirst du auch erkennen, wieviele Vorteile die enge Beziehung zu deinem Partner mit sich bringt.

Wenn du sagst, dass du zu einer bestimmten Zeit nach Hause kommst, dann sei auch zu dieser Zeit zu Hause. Wenn du Terminkonflikte hast, hast du nur die Wahl, dir das Leben entweder leicht oder schwer zu machen. Warum solltest du dich mit mehr Problemen beschäftigen als du musst? Es ist an der Zeit, die Stützräder abzunehmen, mehr auf die Uhr zu gucken und wie versprochen pünktlich nach Hause zu kommen.

LÖSUNG: EINE SICHERE BEZIEHUNG

Wenn du, alles, was du versprichst, auch einhältst, wirst du einen glücklichen Partner haben. Du wirst einen starken und verlässlichen Partner haben. Das wird dir die Freiheit geben, das zu tun, was du tun willst, ohne dich um die Konsequenzen zu sorgen, wenn du nach Hause kommst.

Denke an all das Gute, das du tun kannst, indem du deine To-Do-Liste abarbeitest. Stell dir vor, du würdest mit der Zeit, die du mit der Abarbeitung der Liste verbringst, Geld verdienen. Du verdienst Wohlwollen und je mehr du einzahlst, desto mehr wird dir von einem dankbaren Partner zurückgegeben. Wenn deine Bank des Wohlwollens leer ist und du etwas abheben willst, wird deinem Partner das nicht gefallen. Wenn du aber genug Guthaben auf der Bank hast, kannst du auch losziehen und Spaß haben.

Ich habe gehört, wie manche behaupten würden, dass es gar keinen Sinn mache, die Liste abzuarbeiten, weil ihre Partner einfach immer mehr draufsetzen würden. Das ist nicht wahr. In der Regel beschwert sich dein Partner immer wieder über die gleichen unerledigten Aufgaben. Stell dir die To-Do-Liste wie einen Haftnotiz auf der Stirn deines Partners vor. Bis die Aufgabe erledigt ist, ist der Zettel immer noch da und nervt, bis er entfernt wird. Wenn du die Aufgabe erledigt hast, dann wird er verschwinden. Du könntest die Erinnerungen deines Partners als Nörgelei ansehen. Wenn du sagst, du könntest deinen Partner nie glücklich machen, dann ist das falsch. Erledigst du die Dinge auch wirklich, wird sich dein Partner auch nicht mehr beschweren.

Eine kurze Randnotiz: Du erledigst vielleicht die Aufgaben deines Partners, aber denke daran, dass es auch dein Haus ist. Wenn du die Aufgaben erledigst, kannst auch du nun dein schönes Zuhause genießen.

Das Erstaunliche ist, dass es mehr Energie kostet, darüber nachzudenken und eine Strategie zu entwickeln, wie man aus der Arbeit herauskommt, als es tatsächlich braucht, um sie zu erledigen. Mach es dir also zur Gewohnheit, mit allem aufzuhören, was du gerade tust, wenn dein Partner deine Hilfe braucht. Sag niemals "in einer Minute" oder "Gleich...". Steh einfach auf und tu es sofort. Wenn du fertig bist, kannst du dich wieder an das machen, womit du gerade beschäftigt warst. Wenn du die Gewohnheit entwickelst, die angeforderte Aufgabe sofort zu erledigen, wird nicht nur dein Partner glücklich sein, sondern du wirst auch in der Lage sein, das zu tun, was du tun willst. Nur wenn die Grundbedürfnisse deines Partners erfüllt sind, können auch deine Grundbedürfnisse erfüllt werden.

Der Rat "Frag nichts, sag auch nichts"
ist in einer Beziehung keine Option.

Fehler 4:
Lügen erzählen und
Geheimnisse bewahren

Es gibt zwei Arten von Lügen: kleine Notlügen und wirklich große Lügen. Notlügen sind weit verbreitet und werden normalerweise erzählt, um uns aus kleinen Schwierigkeiten herauszuholen oder jemandem ein gutes Gefühl zu geben. Notlügen werden manchmal auch als Flunkern bezeichnet. "Es war der Stau", sagst du, wenn du zu spät zu einem Meeting kommst, anstatt zuzugeben, dass du verschlafen hast. "Ich wurde bei der Arbeit aufgehalten", sagst du, wenn du in Wirklichkeit mit deinen Kumpels unterwegs warst und ein Bier getrunken hast.

Schwerwiegende, lebensverändernde Lügen oder Geheimnisse sind am schwersten auszusprechen, weil du Angst hast, dass dein Partner dich verlässt. Ich spreche von Dingen, die einem das Leben ruinieren können, wie Süchte oder ein Doppelleben. Es spielt keine Rolle, wie gut du denkst, dass du es verstecken kannst. Irgendwann werden deine Karten aufgedeckt werden. Partner sind am besten darin, eins und eins zusammenzuzählen. Sie kennen dich und deine Gewohnheiten. Wenn sich also etwas in deiner Persönlichkeit oder deinen Gewohnheiten ändert, ist das ein Zeichen, das einen Partner überempfindlich macht und ihn auf weitere Ungereimtheiten aufmerksam macht.

Privatsphäre ist eng mit dem Begriff Verschwiegenheit verbunden. Hast du Probleme mit dem Setzen von Grenzen gegenüber Freunden und Familie? Teilst du private Informationen über deine Beziehung (egal ob gut oder schlecht) und denkst, dass es in Ordnung ist? Erzählst du deinen Freunden von deinem Sexleben mit deinem Partner? Du musst mit deinem Partner darüber reden, ob er sich damit wohlfühlt, dass du bestimmte Dinge teilst oder nicht und wie du sie teilst. Das schließt das Posten von Bildern oder Informationen auf Social Media ein.

Hast du einen Lebensstil, der sich vom Lebensstil deines Partners unterscheidet? Gehst du gerne in Bars aus, triffst dich mit Freunden und Familie? Würdest du deinen Partner die ganze Zeit bei dir haben, wenn du könntest? Erzählst du gerne Geschichten aus deinem Leben und bist offen über alles, während dein Partner gerne mehr für sich behält?

Posaunst du deine Errungenschaften überall herum? Ist alles in deinen Geschichten ein wenig größer und strahlender, als es im wirklichen Leben war? Wenn diese Übertreibungen zur Gewohnheit werden, können sie zu einer Art von Lüge werden, die deinen Partner dazu bringen, sich zu fragen, was du sonst noch sagst, was vielleicht gar nicht wahr ist.

Bleibst du beim Abendessen oder im Bett am Telefon und schreibst SMS? Ist dein Gute-Nacht-Gruß ein Kuss oder lässt du den Kuss aus, um die letzte Nachricht abzuschicken? Ist die Konversation, die du mit deinen "Freunden" auf Social Media führst, oder das Verfolgen der "Likes" deines Partners etwas, dass eure Intimität untergräbt, die du eigentlich schützen solltest?

Das ist der Punkt, an dem Regeln, Grenzen und Strategien aufgestellt werden müssen. Diese sollten vereinbart und eingehalten werden, damit die Beziehung funktionieren kann. Wenn Regeln gebrochen werden, wird auch das Vertrauen in sie gebrochen. Eines der erstaunlichsten Dinge, die man irgendwann begreift, ist, dass man mit seinem Partner vielleicht für immer zusammen sein kann (oder es so scheint). Das bedeutet aber nicht, dass man ihn automatisch kennen wird. Du wirst nie herausfinden, wie er tickt, wenn du nicht viel Zeit mit ihm oder ihr verbringst und dich mit ihm oder ihr beschäftigst.

Hast du das Gefühl, dass du ständig um die Liebe deines Partners kämpfen musst? Wenn du nicht mit deinem Partner kommunizierst, weißt du vielleicht nicht, dass manche Reaktionen von einem vergangenen Trauma herrühren. Dies ist die Art von Geheimnis, die eine Person aus dem schieren Bedürfnis zu überleben, für sich behält. Wenn jemand als Kind missbraucht wurde, kann er dieses Thema tief vergraben haben. Es kann sogar ein Geheimnis sein, von dem niemand etwas weiß. Wenn das Thema nie aufgearbeitet wurde, zahlst du vielleicht den Preis dafür, ohne es zu wissen.

WAS DU TUN KANNST: ENGAGIERT SEIN
Verstehe, dass es viel ernster sein kann, als du denkst, wenn du dich bei einer Notlüge, einem Schwindel oder einer übertriebenen Wahrheit erwischst. Du

wirst später herausfinden, dass es sich auf die Bedürfnisse deines Partners auswirkt. Es löst Alarmglocken aus, wenn es um deine Integrität und Glaubwürdigkeit geht. Dein Partner wird über die große Lüge nachdenken, die er vielleicht nicht mitbekommt - wenn du schon bei kleinen Dingen lügst. Nicht die ganze Wahrheit zu sagen, kann in einem kompletten Zusammenbruch des Vertrauens ausarten. Dein Partner hofft und wird immer glauben wollen, dass du der Partner bist, dem er vertrauen und auf den er zählen kann. Lügen und Täuschungen werden nicht nur die Reinheit der Beziehung zerstören, sondern vielleicht auch die Beziehung selbst. Bist du stark genug, um zuzugeben, dass du dich geirrt hast, dich zu entschuldigen und um Vergebung zu bitten, wenn du einen Fehler gemacht hast?

LÖSUNG: EINE VERTRAUENSVOLLE BEZIEHUNG

Mit Notlügen bewahrst du zuerst kleinere Geheimnisse und irgendwann immer größere. Das ist der Grund, warum ein Partner manchmal so extrem reagiert, und du denkst, dass er einfach überreagiert hat. Dein Partner kann nicht glauben, dass du dachtest, du könntest damit durchkommen. Dein Partner verbringt eine Menge Zeit damit, ein Experte darin zu werden, dich zu kennen. Wenn du also lügst, wird dein Partner das spüren. Er will es vielleicht nicht glauben oder ansprechen, aber er weiß es.

Sobald das unschuldige Vertrauen gebrochen ist, ist es so, als würde man versuchen, Blütenblätter wieder an eine Rose zu kleben. Du kannst sie vielleicht wieder ankleben, jedoch wird die Rose nie wieder dieselbe sein.

Je mehr Zweifel dein Partner hat, desto mehr wird er dich im Auge behalten und ausfragen. Nun will er immer wissen, wo du dich aufhältst und geht dein Telefon oder deine E-Mails durch. Wenn du das Grundbedürfnis deines Partners nach Sei dir bewusst, dass es deine Schuld ist, dass er dir nicht mehr vertrauen kann, wenn du feststellst, dass er es nicht mehr tut.

Wenn du dich änderst und entschlossen bist, kannst du einen Teil des Vertrauens deines Partners schnell wieder aufbauen. Du musst ein offenes Buch sein. In Kapitel 6 wirst du darüber mehr erfahren. Gib deinem Partner das Gefühl von Sicherheit. Lass ihn jederzeit wissen, wo du bist, und gib ihm Zugang zu deinem Telefon und deinen Passwörtern. Verstehe, dass es viel Arbeit und Zeit kosten wird - manchmal Jahre - und dass du deine Rechte auf die Freiheit, die du einmal in der Beziehung hattest, verloren hast. Es mag hart erscheinen, aber Ehrlichkeit wird dich befreien!

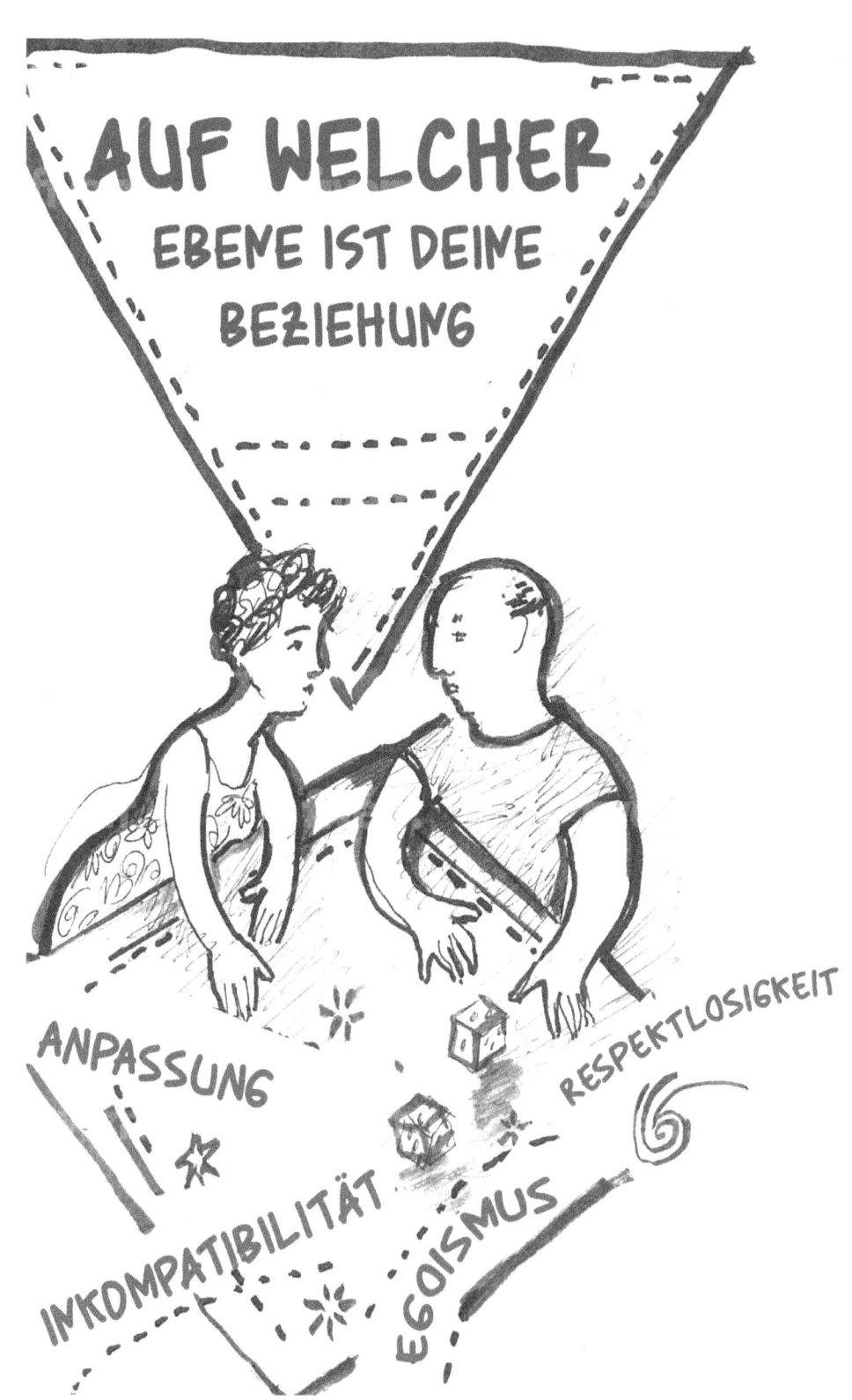

Kapitel 3:
Die vier Stufen des Verfalls einer Beziehung

Gucke immer erst auf dich selbst, bevor du auf andere mit dem Finger zeigst.

Du kennst nun die Fehler, die eine Beziehung aus der Bahn werfen können. Wenn du deinen Partner vernachlässigst oder ignorierst, falsche Ansprüche an ihn hast oder Lügen und Geheimnisse erzählst, kann deine Beziehung aus der Bahn geworfen werden. Wenn diese Fehler mit der Zeit zu schlechten Gewohnheiten werden, zwingen sie deinen Partner dazu, sich mehr und mehr davor zu schützen, verletzt und enttäuscht zu werden.

Damit dein Partner bei Verstand bleibt, muss er sich selbst schützen. Dabei handelt es sich um einen automatischen Mechanismus, der ausgelöst wird, wenn dein Partner das Gefühl hat, dass er keine andere Möglichkeit mehr hat. Hier sind zwei Wege, darüber nachzudenken:

Die erste Metapher ist das Umlegen eines Schalters. Eltern beherrschen das Umlegen des Schalters bei ihren Kindern. Wenn sie zu fordernd sind oder nur noch schreien, lernen Eltern, den Schalter umzulegen - andernfalls würden sie wahrscheinlich verrückt werden. Indem du den Schalter umlegst, findest du einen Weg, den Wahnsinn um dich herum zu ignorieren und deinen Verstand zu bewahren.

Die zweite Metapher ist die Ziegelmauer. Jedes Mal, wenn ein Versprechen gebrochen wird, schützt dein Partner seine Enttäuschung, indem er einen Ziegelstein zu seiner Mauer hinzufügt. Je größer die Mauer ist, desto weniger kann dein Partner durch nicht erfüllte Erwartungen verletzt werden.

Du hast es wahrscheinlich schon einmal erlebt, dass dein Partner den Schalter umgelegt hat, um sich von deinem Unsinn zu distanzieren. Wenn du vielleicht mal wieder deine Arbeiten im Haus vernachlässigt hast. Oder wenn du dich ständig darüber beschwerst, dass du nicht genug Zeit mit Freunden verbringen kannst oder nicht genug Zeit zum Zocken hast.

Wenn du sagst, dass du etwas tun wirst und es nicht tust, fügt dein Partner einen Stein zu seiner Mauer hinzu. Je höher die Mauer ist, desto weniger zählt er darauf, dass du tust, was du versprichst zu tun. Du wirst sehen, dass der Moment der Enttäuschung oder der Frustration im Gesicht deines Partners der Moment ist, in dem wieder ein Stein zur Mauer dazugekommen ist. Ich kann jetzt deine Frage beantworten: Warum bleibt dein Partner bei dir, wenn er so unglücklich ist? Erstens hat er seinen Schalter umgelegt. Zweitens hat er wahrscheinlich eine Mauer aufgebaut, hinter der er sich geschützt fühlt.

Wenn eine Beziehung belastet und mit Problemen im Alltag überladen ist, kann das zu Streit und Störungen in der Beziehung führen. Wenn sich das fortsetzt, werden dein Glück und ein glückliches Leben zu einem Problem. Wenn eine Beziehung gut läuft, können schlechte Angewohnheiten normalerweise toleriert werden. Je mehr die Beziehung auf die Belastungsprobe gestellt ist, desto mehr wird dich jede schlechte Angewohnheit deines Partners nerven. Fühlst du dich kontrolliert, wenn dein Partner auf irgendetwas ständig herumreitet? Fast so, als hättest du die Freiheit verloren, zu tun, was du willst? An diesem Punkt ist die Beziehung so stark belastet, dass dein Partner das Gefühl hat, keine Kontrolle mehr zu haben.

Die gute Nachricht ist, dass dein Partner glauben möchte, dass er keinen Fehler gemacht hat, als er dich gewählt hat. Er hält an der Hoffnung fest, dass die emotionale Verbindung, die verpufft ist, auf spektakuläre Art und Weise wieder entfacht werden kann.

Du solltest die Beziehung in vielerlei Hinsicht pflegen, so wie du dein Auto pflegst. Denk an das Gefühl der Zufriedenheit, das du bekommst, wenn du in den Fahrersitz steigst, nachdem du Tanken warst. Du schaust auf deine Tankanzeige und siehst, dass die Nadel perfekt über dem "V" schwebt. Jetzt bist du wieder für jede Tour bereit. Und was passiert dann? Das Tanken ist nicht länger ein Problem. Du kannst dich auf wichtigere Dinge konzentrieren. Nicht wahr? Doch nach einer scheinbar kurzen Zeit schaust du nach unten und erkennst, dass du gefährlich nah an am linken Ende der Tankanzeige angekommen bist. Dir ist gar nicht aufgefallen, wie sich die Nadel jeden Tag ein bisschen weiterbewegt hat. Und das direkt vor deinen Augen! Was ist fast jedes Mal deine Reaktion? Du schüttelst den Kopf und fragst dich: "Wo ist das ganze Benzin geblieben?!" Kennst du das?

Lass uns die gleiche Metapher auf eine Beziehung anwenden. Wie ein Benzintank hat eine Beziehung ihre Momente, in denen du dich als Partner voll und ganz dafür einsetzt, deinen Partner glücklich zu machen. Unternimmst du allerdings auch nur dann in einer Beziehung etwas, wenn der tank schon wieder fast leer ist? Wartest du einfach auf die wichtigen Kalendertermine eurer Beziehung, die jedes Jahr zur gleichen Zeit stattfinden, bevor du deinem Partner wieder echte Liebe und Zuneigung zeigst? Geburtstage, Valentinstag, Weihnachten, Jahrestage ... An diesen Tagen ist es selbstverständlich, dass du deinem Partner Aufmerksamkeit schenkst. Aber wie viel Mühe gibst du dir, deinem Partner an jedem anderen Tag des Jahres zu zeigen, dass er etwas Besonderes ist?

Das war es aber noch nicht. Stecke nicht all deine Mühe in vorhersehbare Dinge wie den Kauf von Geschenken. Wenn du denkst: "Okay, jetzt ist bis zum nächsten Mal alles gut", hast du den Punkt nicht verstanden. Was denn? Seit wann diktiert ein Kalender allein, wann du in das Glück deines Partners investiert werden sollst?

Was wäre, wenn du es dir zur Gewohnheit machen würdest, deinen Benzintank jedes Mal aufzufüllen, wenn du siehst, dass er nur noch halb voll ist? Du hättest immer genug Treibstoff, um die Dinge zu tun, die du brauchst, und dein Auto würde nie leer werden. Was wäre, wenn du den "Tank" deiner Beziehung regelmäßig auffüllen würdest? Warum nicht jede Woche hier und da eine kleine Geste der Liebe und Zuneigung in deine Beziehung einstreuen? Warum nicht sogar jeden Tag?

Wenn du dir einfach täglich der Tankanzeige deiner Beziehung bewusst wirst, kannst du entsprechend reagieren. Wie sieht das aus? Mache deinem Partner Komplimente, umarme und küsse ihn, wenn er aufwacht, bringe ihm morgens Kaffee und sage ihm, wie sehr du ihn liebst. Wenn dein Partner nach Hause kommt, kannst du das Abendessen vorbereiten oder ihn nach einem langen Tag mit einem Glas Wein an der Tür begrüßen. Besorge einen Sitter für die Kinder und lade deinen Partner zu einem Date ein. Vergiss nicht, die Tür für ihn aufzuhalten.

Denke daran, dass nicht jede Geste ein großes Spektakel sein muss. Es reicht, wenn du deinem Partner zeigst, dass du an ihn und sein Glück denkst. Es sind die kleinen Dinge, die zählen.

Ich weiß, ich weiß. Du hast eine Million Dinge zu tun und manchmal lässt du deine Beziehung schleifen. Das kommt vor. Viele Umstände sind nicht wirklich deine Schuld. So ist das Leben. Aber es wird zu deiner Schuld, wenn du es zu sehr schleifen lässt und es vernachlässigst, deine Beziehung wieder an die Spitze deiner Prioritätenliste zu setzen. Nur so hältst du den TANK DEINER LIEBE voll. Wenn du zuversichtlich bist, dass sich eure Beziehung an einem guten Ort befindet, werden all diese äußeren Verpflichtungen viel weniger stressig.

Wenn eure Beziehung einen Tiefpunkt erreicht hat, ihr sie aber immer noch wollt, gibt es Wege, wie ihr sie retten könnt. Es beginnt mit dir selbst. Schau nach innen, bevor du mit dem Finger auf deinen Partner zeigst. Du kannst nicht zulassen, dass eure Beziehung irgendwann einfach nicht mehr möglich sein wird!

Es liegt in der menschlichen Natur, irgendwann darüber nachzudenken, wie sehr du an deinem Partner hängst und er an dir. Wenn dein Partner sich von dir losgelöst fühlt, ist das der Beginn einer Beziehung, die sich zum Schlechten verändert. Es ist eine automatische Reaktion. Für deinen Partner ist es am einfachsten, wenn er seine Erwartungen einfach zurücksetzt. Dies löst die vier Stufen aus, die dein Partner durchläuft, um eure Beziehung zu überstehen, auch wenn sie sich verschlechtert.

Stufe 1. Sie passen sich an
Stufe 2. Sie werden egoistisch
Stufe 3. Sie distanzieren sich
Stufe 4. Sie passen nicht mehr zu dir

Eine perfekte Partnerschaft
findet man zwischen zwei unvollkommenen Menschen
die sich weigern, sich gegenseitig aufzugeben.

ANPASSUNG

Stufe 1:
Sie passen sich an

Die Stufe des Anpassens ist dann erreicht, wenn sich dein Partner nicht mehr auf deine Unterstützung verlassen kann. Er ändert seine Erwartungen und beginnt, sich selbst um alles zu kümmern. Ein einziges Problem wird eine Beziehung NICHT verschlechtern, aber wenn es zu einem Muster wird, fangen diese kleinen Dinge an, sich zu größeren Problemen auszuweiten.

Waldbrände entstehen nicht einfach so. Es gibt immer einen Zündfunken, der sie in Gang setzt. Sobald der Funke überspringt, breitet sich das Feuer schnell aus. Es ist das ständige Wiederauftauchen dieses Zündelns in deinem Leben, das diese feurigen Auseinandersetzungen auslöst und deinen Partner dazu zwingt, sich immer weiter an die Beziehung anzupassen. Es ist ein Muss, dass du dich um die Wünsche deines Partners kümmerst, wenn es um die kleinen Dinge geht. Smokey der Bär hat es am besten gesagt: "Nur du kannst Waldbrände verhindern." Und wenn du in Muster von schlechten Beziehungsgewohnheiten verfallen bist, kannst nur du verhindern, dass deine Beziehung in Flammen aufgeht.

Eine andere Form des Anpassens ist, dass dich dein Partner von gewissen Dingen ausschließt. Dein Partner schaltet dich in seinen Gedanken einfach aus, indem er den Schalter umlegt. Er sieht dich nicht mehr, er hört dich nicht mehr und seine Gefühle sind auch nicht mehr da. Dein Partner hat dieses Werkzeug. Wenn du Kinder hast, hat dein Partner es wahrscheinlich schon perfektioniert. Es ist ein Mechanismus, der verhindert, dass dein Partner irgendwann vor Frustration platzt.

Der Schalter mag ein Überlebensmechanismus sein, fühlt sich aber am Ende sehr nach Manipulation an. Wenn dein Partner verletzt ist, schlägt er entweder wissentlich oder unwissentlich zu, weil er das Bedürfnis nach Selbstverteidigung hat. Wenn dein Partner sich im Unrecht fühlt, neigt er vielleicht dazu, die Dinge abzuschalten, die du genießt. Er kann zum Beispiel Intimität ausnutzen, um dich wieder auf Linie zu bringen. Darüber hinaus kann es sein, dass sich dein Partner emotional und körperlich komplett zurückzieht.

54

Stufe 2:
Sie werden egoistisch

Die Stufe des Egoismus kann auch als "Jeder für sich selbst"-Stufe bezeichnet werden. Deine kämpfende Liebste oder dein Liebster versucht, Probleme zu korrigieren, indem sie oder er versucht, die Kontrolle zu erlangen. Aus der höflichen Bitte wird nun eine Forderung mit vorbestimmten Konsequenzen - bis hin zum Ultimatum. Es ist die Stufe, in der du anfängst zu denken, dass du deinen Partner niemals glücklich machen kannst.

Du kennst diese Sprüche. "Wir haben keine Zeit, dieses Ostern zu deiner Familie zu fahren, also fahren wir nur zu meiner." Dein Partner setzt Nadelstiche, welche dir mit der Zeit unter die Haut gehen. Es ist ein Weg, dir die Konsequenzen deines Verhaltens wirklich klar zu machen.

Es fühlt sich an, als würde dein Partner verrückt spielen und du verstehst nicht, warum. Dein Partner begegnet dir mit subtiler (oder auch nicht so subtiler) Feindseligkeit. Du versuchst, die Bedürfnisse deines Partners zu befriedigen, aber er kommt entweder mit zu vielen Dingen auf dich zu oder er löst sich einfach von dir und braucht deine Hilfe nicht mehr. Du kannst ihm nicht mehr gefallen und du hast das Gefühl, dass dein Partner unfair und unvernünftig ist. Dein Alltag wird zu dem Versuch, zu erraten, mit wem du als nächstes aufwachen wirst: Hulk oder Bannister? Glinda die gute Hexe oder ihre böse Schwester?

Was tust du dann? Indem du auf deinen Partner reagierst, fängst auch du an, dich mental und körperlich zurückzuziehen. Jetzt haben du und dein Partner sich beide voneinander distanziert. Es ist eine Überlebenstaktik. Sich zurückzuziehen ist zwar isolierend, aber das kleinere Übel im Vergleich zu anstrengendem, ständigem Gezänk. Wenn die Kommunikation komplett zusammenbricht, entstehen echte Langzeitschäden.

Stufe 3:
Sie distanzieren sich

Diese Phase der Distanzierung ist die Schlimmste. Es ist hässlich. Argumente werden respektlos. Es wird mit den Augen gerollt, beschimpft und geschrien. In dieser Phase musst du aufpassen, was du sagst. Jedes Wort wird nämlich aufgezeichnet. Die Wiedergabetaste ist aktiviert. Dieser Ort der Wut kann das Schlimmste in dir zum Vorschein bringen.

Hat dein Partner jemals eine Situation mit Familie oder Freunden gemeistert, in der du ihn für sein Verhalten lächerlich gemacht hast und der dritte Weltkrieg ausgebrochen ist und du verletzende Dinge gesagt hast, die du nicht mehr zurücknehmen kannst? Sobald respektlose Worte in einer Beziehung gefallen sind, wird das Loch, aus dem du herausklettern musst, sehr tief.

In diesem Stadium fängst du an, die Beziehung in Frage zu stellen und erwägst, wie du am besten aus der Beziehung rauskommst. Sobald der gegenseitige Respekt in einer Beziehung zu bröckeln beginnt, weicht dieser Zusammenbruch sexuellen Gewohnheiten außerhalb der Grenzen eurer Beziehung. Anderen wird nun hinterhergeschaut, es wird geflirtet etc. Diese "harmlosen" Dinge sind technisch gesehen kein Betrügen und fühlen sich trotzdem so an, als sollte dein Partner dich dabei besser nicht erwischen.
Ein kompletter Zusammenbruch des gegenseitigen Respekts geht oft mit einer "Es ist mir egal"-Haltung einher. Sobald du aufhörst, dich zu kümmern, anstatt die Probleme in der Beziehung anzusprechen, wenn sie passieren, beginnen sich die Probleme zu stapeln.

Aber es liegt nicht in deiner Natur, dich wie ein Versager zu fühlen. Du kannst nicht versagen. Du wirst alles tun, was du kannst, um die Kontrolle wiederzuerlangen, vor allem, wenn du spürst, dass die Dinge außer Kontrolle geraten könnten. Das fängt an, wenn Erwartungen und Grenzen überschritten werden - daran kann jede Partei schuld sein.

Selbst in diesem Stadium kannst du die Sache noch in den Griff bekommen. Du musst nur erkennen, wo du Fehler gemacht hast und sie zugeben. Du brauchst nur die richtigen Werkzeuge aus deinem Werkzeugkasten.

Stufe 4:
Sie passen nicht mehr zu dir

Wenn ihr den Punkt erreicht habt, an dem ihr einfach nicht mehr zusammenpasst, sieht es sehr düster aus. Es ist der Punkt, an dem ihr euch über nichts mehr einig werden könnt und euch zu fragen beginnt, ob diese Person wirklich EUER Seelenverwandter ist. Das ist der Punkt, an dem der gegenseitige Respekt in der Partnerschaft komplett zusammengebrochen ist und auch schon eine Weile nicht mehr vorhanden ist. Unvereinbarkeit ist schwer zu überwinden, aber mit Hoffnung und dem Wunsch beider Parteien, daran zu arbeiten, ist es möglich, die Beziehung wieder auf einen besseren Kurs zu bringen. Dies ist ein gefährlicher Ort, an dem du hören könntest, dass "Liebe nicht genug ist".

Das ist der Punkt, an dem du anfängst, dich Dingen wie Drinks mit dem Ex, Online-Beziehungen oder sogar einer Affäre hinzugeben. Es ist eine Eskalation des Prozesses der Distanzierung. Du verlierst dich in Arbeit, Hobbys oder Sport. Im Grunde tust du alles, was du tun kannst, um deinem Partner und allen nachfolgenden Auseinandersetzungen aus dem Weg zu gehen. Wenn du lange im Büro bleibst oder Geschäftsreisen unternimmst, um von deinem Partner wegzukommen, bist du nicht mehr als ein schlechter Mitbewohner.

Trotzdem lässt du nicht locker und hörst nicht auf, bis es zum Äußersten kommt. Dein Partner kann schreien und weinen und dich anflehen, dich zu ändern, doch hörst nicht auf ihn. Erst wenn dein Partner endlich fertig ist und dich rauswirft und die Beziehung beendet, kommen die meisten schreiend zurück. Erst dann entscheidest du dich endlich, dich zu ändern, weil du plötzlich merkst, dass du ohne ihn nicht leben kannst.

Konsequent präsent und aufmerksam in deiner Beziehung zu sein, zeigt Respekt und festigt die Kompatibilität in eurer Partnerschaft. Denke daran, es ist nicht deine Schuld, dass du dir dieser Phasen nicht bewusst warst. Nun weißt du es aber. Es ist deine Schuld, wenn du dich nicht entsprechend anpasst.

BASICS EINER BEZIEHUNG

TEIL 2:
GRUNDLAGEN, DANK DERER DU DEINEN PARTNER GLÜCKLICH MACHST

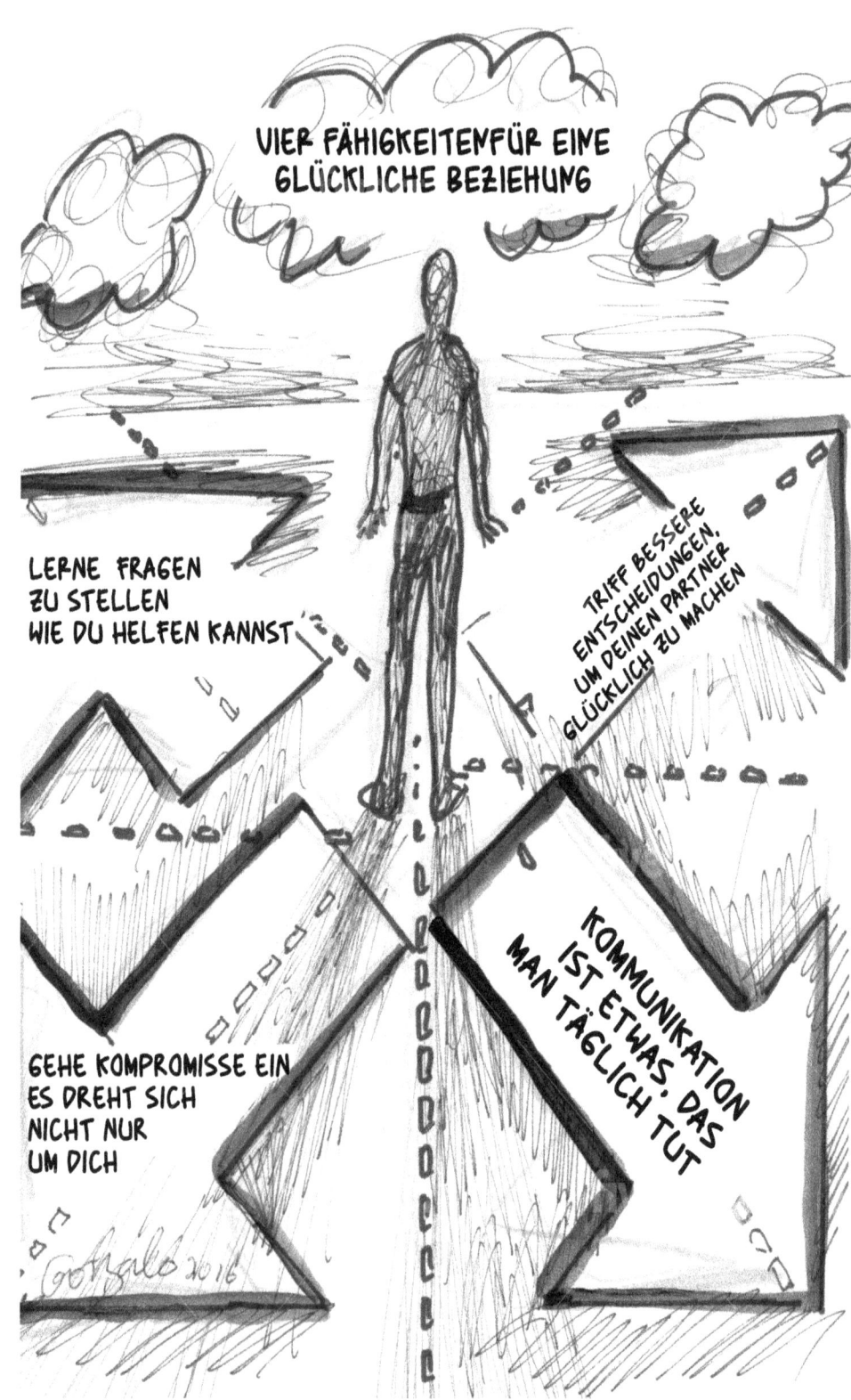

Kapitel 4:
Vier Fähigkeiten für eine glückliche Beziehung

Eine Beziehung ist ein ständiger Prozess.
Je mehr du lernst, desto besser wird sie.

Es ist nicht deine Schuld, dass man dir nie die vier entscheidenden Wege gezeigt hat, mit denen du mit deinem Partner eine gesunde Beziehung aufbauen kannst. Wenn du bislang im Dunkeln getappt bist, liegt das daran, dass dir niemand gesagt hat, wo der Lichtschalter ist. Wenn keine dieser wichtigen Fähigkeiten eingesetzt wird, ist das Ergebnis zusätzlicher Stress, der eure Beziehung in etwas verwandelt, von dem niemand etwas hat.

Hier sind die vier Fähigkeiten. Wenn du sie täglich richtig anwendest, wirst du bald nicht mehr auf der Couch schlafen müssen.

STELLE FRAGEN

Du kannst die Gedanken deines Partners nicht lesen. Wenn du deinen Partner aber gut kennst, weißt du, wenn etwas nicht stimmt. Stelle also Fragen wie: "Gibt es etwas, das ich falsch gemacht habe oder besser machen kann?" oder "Du wirkst abwesend. Bist du sauer?" Das schafft Stärke und bringt Gleichgewicht in die Partnerschaft.

TRIFF GUTE ENTSCHEIDUNGEN

Wenn dein Partner dich um etwas bittet und du zu beschäftigt bist oder es ignorierst, schafft das eine unausgewogene Partnerschaft. Wenn er dich also das nächste Mal um etwas bittet, solltest du es tun.

GEHE KOMPROMISSE EIN

Eine Beziehung sollte immer ein Geben und Nehmen beinhalten. Wenn du in einer Sache unnachgiebig bist und dein Partner nachgibt, solltest du ihm in einer anderen Sache seinen Willen lassen.

KOMMUNIZIERE

Dies ist der Schlüssel zu einer erfolgreichen Beziehung. Deinen Partner über Entscheidungen zu informieren, die euch beide betreffen, ist wichtig und schafft Vertrauen.

Das ultimative Ziel ist es, Stress für deinen Partner und in eurer Beziehung zu vermeiden, damit ihr glücklich sein könnt. Weißt du, was deine neue Aufgabe im Leben ist? Den Stress deines Partners um jeden Preis zu eliminieren. Wie du nun schon zum zweiten Mal gehört hast: dafür zu sorgen, dass dein Partner niemals gestresst ist!

Fang an, die vier Fähigkeiten anzuwenden, um deinem Partner seinen Stress zu nehmen. Tu alles, was nötig ist. Denke jetzt darüber nach, was ich von dir verlange und warum! Das war's. Die Stunde ist vorbei. Du kannst jetzt nach Hause gehen. Gleich nachdem du das Buch zu Ende gelesen hast. Denn um sicherzustellen, dass dein Partner niemals gestresst ist, wirst du meine Werkzeuge brauchen. Die findest du am Ende des Buches.

66

Fähigkeit 1:
Stelle Fragen

Fragen geben Menschen die Chance, konstruktiv über Dinge zu sprechen. Besonders zu Beginn einer Beziehung versuchen Paare immer, das zu tun, was sie denken, dass der andere von ihnen will. Jedoch sind die meisten darin gar nicht gut. Partner, die denken, sie könnten die Gedanken des anderen lesen, machen sich die meiste Zeit etwas vor.

Hier ist mein Geheimnis dazu: Du weißt, wie du erkennen kannst, wenn sich dein Partner von dir distanziert. Er redet nicht, lacht nicht, ist nervös und du hast keine Ahnung warum. Normalerweise gibst du ihnen einfach Raum und machst wie gehabt weiter. An dieser Stelle solltest du sagen: "Hast du eine Minute Zeit? Ich würde gerne eine Frage stellen. Ich möchte mich bessern und ich weiß nicht, was ich falsch gemacht habe. Aber was noch wichtiger ist, ich möchte wissen, wie ich es richtig machen kann." Lass deinen Partner sich öffnen und zeige ihm, dass du in Zukunft bessere Entscheidungen treffen wirst.

Ein gutes Beispiel dafür ist, wenn eine Person in einer Beziehung mehr Zeit mit ihrem Partner allein verbringen möchte. Es kann zu Konflikten führen, wenn ein Partner denkt: "Oh, er will nicht mit mir zusammen sein, was bedeuten muss, dass ich ihm egal bin." In Wirklichkeit kann es sein, dass ein Partner einfach daran gewöhnt ist, mehr Zeit allein zu haben und gar nicht merkt, dass er jene Gefühle in der anderen Person weckt. Fragen zu stellen, bringt Klarheit in diese Situation.

Es ist an der Zeit, Fragen zu stellen wie: "Hast du das Gefühl, dass wir eine ausgewogene Beziehung führen?" "Hast du das Gefühl, dass diese Beziehung auf Augenhöhe stattfindet?" Oder "Fühlst du dich mit mir sicher?" Die letzte Frage, die du ansprechen solltest, ist, ob dein Partner dir vertraut. Jetzt ist es an der Zeit, den Antworten deines Partners zuzuhören. Mach dir Notizen - viele Notizen - und höre zu.

Stelle also einfach Fragen, die deinem Partner helfen, laut auszusprechen, was ihm im Kopf herumschwirrt. Jede Frage sollte eine Kernfrage beantworten: "Wie kann ich dir ein besserer Partner sein?"

ENTSCHEIDUNGEN TREFFEN

Ich werde das ganze Wochenende bei dir sein

Ich werde im Haushalt mithelfen

Ich werde sparsam mit Geld umgehen

Fähigkeit 2:
Triff gute Entscheidungen

Jede Handlung ist eine Entscheidung.

Wenn du jemals versucht hast, eine Entscheidung mit deinem Partner zu treffen, weißt du, wie schwierig das sein kann - ganz egal, ob groß oder klein. Warum ist das so schwer? Als du Single warst, hast du Entscheidungen unabhängig getroffen. Es erforderte bloß deine eigene Zustimmung und hatte wenig Einfluss auf andere Menschen.

Es liegt auf der Hand, dass die Qualität deiner Entscheidungsfindung definiert, wer wir innerhalb unserer Beziehungen sind - was zu einer erfolgreichen oder gescheiterten Beziehung führt. Denke daran, dass die Bedürfnisse deines Partners an erster Stelle stehen sollten. Nur dann bist du auf dem Weg zu einer gesunden Beziehung. Denke immer daran: Jede Handlung ist eine Entscheidung.

Egal, ob ihr gemeinsam aktiv Entscheidungen trefft oder euch gegenseitig bei euren individuellen Entscheidungen berücksichtigt, gibt es relativ wenige Entscheidungen, die ihr ganz alleine treffen solltet. Wenn einer oder beide Partner zu oft auf eigene Faust Entscheidungen treffen, ohne vorher darüber zu sprechen, wird die Beziehung früher oder später darunter leiden. Ich verstehe, dass man Entscheidungen unabhängig treffen kann. In einer Beziehung müssen sie aber gemeinsam getroffen werden. Wenn du Entscheidungen triffst, ohne deinen Partner darüber aufzuklären, können Gefühle verletzt werden.

Aber über eine Entscheidung zu sprechen, bedeutet nicht, die Entscheidung zu übernehmen. Lass deinen Partner seine eigenen Entscheidungen treffen und respektiere sein Urteilsvermögen. Erlaube ihm die Freiheit, erfolgreich zu sein oder zu scheitern, mit all dem Lernen, das mit beidem einhergeht. Und auch du musst deinem Partner zeigen, dass du selbst gute Entscheidungen treffen kannst.

KOMPROMISSE

Gehe Kompromisse ein Es geht darum, dass dein Partner eine Stimme und eine Meinung hat der du folgst. Es geht nicht immer um dich.

Fähigkeit 3:
Gehe Kompromisse ein

Unter einem Kompromiss versteht man den Verzicht auf etwas, um einen Punkt der Übereinkunft mit deinem Partner zu erreichen. Irgendwann in eurer Beziehung werden du und dein Partner eine unterschiedliche Herangehensweise, Meinung oder Wünsche haben. Wenn du es aber richtig anstellst, hilft der Kompromiss dir und deinem Partner, als Team zusammenzuwachsen. Er fördert Vertrauen, Verantwortlichkeit, Beständigkeit und Sicherheit in eurer Beziehung. Es zeigt auch, dass ihr ein gemeinsames Ziel vor Augen habt: eine gesunde Beziehung.

So kann man diese Fähigkeit üben: Wenn du eine knallharte Entscheidung triffst, solltest du zuerst dein Ego in Schach halten. Wenn du denkst, dass dein Weg der einzige Weg ist, bitte ich dich, einen Schritt zurückzutreten und neu zu beurteilen, ob dir diese Herangehensweise hilft. Ist das, was dein Partner will, das Schlimmste, was passieren kann? In den meisten Fällen habe ich festgestellt, dass die Entscheidung meines Partners richtig und oft besser ist als meine.

In einer Beziehung kann man Streitereien nicht vermeiden. Man kann sich aber darauf einigen, wie man am besten streitet. Das ist eine SPRACHE DER LIEBE. Wenn dein Partner nach einem Streit Raum braucht, kommt später wieder zusammen, um zu reden. Wenn du das Gefühl hast, dass du mehr gibst als du empfängst, oder deine Kompromisse sich eher wie Opfer anfühlen, könnte es an der Zeit sein, bestehende Grenzen zu überdenken. Sonst begibst du dich in gefährliches Terrain. Dein einziges Ziel besteht darin, es anderen Menschen recht zu machen.

Kompromisse zu schließen ist eine Fähigkeit, die man mit der Zeit lernen muss. Lass die Dinge nicht an den Punkt kommen, an dem dein Partner sauer wird, weil er das Gefühl hat, dass er die ganze Arbeit macht und du dich zurückgezogen hast. Denke daran, dass es in Ordnung ist, zu sagen: "Du hast recht, ich liege falsch."

KOMMUNIZIERE

Fähigkeit 4:
Kommuniziere

Effektive Kommunikation mit deinem Partner baut gegenseitigen Respekt auf. Die Idee ist einfach: Menschen sind einfühlsam. Sie können auf einer sehr subtilen Ebene verstehen, wenn etwas falsch läuft. Kommunikation hilft also, gegenseitigen Respekt zu stärken. Sie befreit dich von dem Rätselraten darüber, was dein Partner denkt. Sie hilft, Missverständnisse zu vermeiden und Vertrauen aufzubauen. Sie ermöglicht es Paaren, sich gegenseitig zu unterstützen. Sie hilft den Paaren in ihrer Liebe zu wachsen und ist gut für ihre Stimmung.

Wenn du das nächste Mal in ein schwieriges Gespräch über eine bedeutende Meinungsverschiedenheit gehst, stelle sicher, dass du daran arbeitest, ein aktiver Zuhörer zu sein. Ganz egal, wie schwer das auch sein mag. Das ist eine komplexe Fähigkeit, an der du arbeiten musst. Gib dein Bestes, um aufmerksam zuzuhören, und zeige, dass du das tust, indem du das, was dein Partner gesagt hat, in deinen Worten wiederholst. Hier ist ein Beispiel: "Ich verstehe, dass es wichtig ist, dass wir Geld sparen, also werde ich versuchen, mehr auf meine Ausgaben zu achten" oder "Ich verstehe, dass du dich einsam fühlst, wenn ich so viel arbeite. Ich werde also versuchen, früher nach Hause zu kommen, wenn es möglich ist."

Bleibe hier mit kleinen Gesten verbunden. Dazu gehören Augenkontakt, Händchenhalten und Nicken. Das sorgt dafür, dass du und dein Partner euch wie Teamkollegen statt wie Gegner fühlen. Legt Handys und Laptops beiseite, wenn ihr wichtige Gespräche führt! Du könntest dir auch ein "Sicherheitswort" überlegen, das du benutzen kannst, um das Gespräch zu unterbrechen.

Hier ist ein Geheimnis. Wenn du dir am Ende eines jeden Tages zehn Minuten Zeit nimmst, um deinen Partner ausreden zu lassen, erlaubt es ihm auszudrücken, was er fühlt und öffnet einen positiven Kommunikationskanal. Denke daran, dass Selbstgefälligkeit eine Beziehung in kürzester Zeit zerstören kann. Wenn dein Partner dich bittet, etwas zu tun und es sich unfair anfühlt, stelle sicher, dass du es ihm sagst und deine Gedanken mit ihm teilst. Sprich mit deinem Partner und kommuniziere mit ihm, damit er es versteht. Wenn du andererseits zu weit gegangen bist, solltest du dich daran erinnern, dass es in Ordnung ist zu sagen: "Du hast recht, ich liege falsch."

Es ist nicht deine Schuld, dass dir
nie gezeigt wurde, was es braucht, um eine gesunde
Beziehung zu führen.
Aber sei gewarnt. Nachdem du dieses Buch gelesen hast,
hast du keine Ausreden mehr!

Kapitel 5:
Bedürfnisse, die dich glücklich machen

**Du bist der Fels,
das Fundament deiner Beziehung.**

In diesem Kapitel lernst du die vier Bedürfnisse kennen, die dein Partner ehren und respektieren sollte, damit du glücklich bist. Wenn eines dieser Bedürfnisse mit Füßen getreten wird, bist du unglücklich. Wann hast du schon mal mit deinem Partner über deine Bedürfnisse gesprochen? Weiß dein Partner überhaupt, dass sie existieren?

Du musst dich als das Fundament für die Brücke deiner Beziehung sehen, die wir den Felsen nennen. Erinnere dich - du bist der Fels, das Fundament.

Im nächsten Kapitel wirst du die vier Bedürfnisse deines Partners kennenlernen. Betrachte die vier Bedürfnisse deines Partners als Säulen deiner Brücke, die von dem Fundament getragen werden. Sie sind die wichtigsten Bestandteile einer Brücke. Wenn das Fundament schwach ist, sind es auch die Säulen. Wenn das Fundament und die Säulen stark sind, ist auch eure Brücke stark. Wenn du alle Bedürfnisse deines Partners erfüllst, hast du eine starke Brücke geschaffen. Dann und nur dann wird dein Partner deine vier Bedürfnisse ehren und unterstützen.

Was du von deinem Partner brauchst, kann ganz anders sein als das, was du willst. Ein Bedürfnis ist eine absolute Grundvoraussetzung. Ein Wunsch ist etwas, das du willst. In Beziehungen ist es leicht, diese beiden Dinge zu verwechseln.

Deine Wünsche zu erfüllen, kann genauso wichtig sein wie deine Bedürfnisse. Sich ein Spiel zu gönnen und etwas Besonderes zu kaufen, für das du gespart hast, könnte mit einem Bedürfnis verwechselt werden. Die Wahrheit ist, dass es das nicht ist, aber es macht das Leben sicher lebenswert. Geld zu verdienen, um die Rechnungen zu bezahlen, sich um die Kinder zu kümmern, mit anzupacken und sich um deinen Partner zu kümmern, ist ein Bedürfnis. Aber nach all dieser Anstrengung kann es sich wie ein Schlag anfühlen, wenn deine eigenen Bedürfnisse oder Wünsche verweigert werden. Das Ziel ist, dass dein Partner dir deine Wünsche zugesteht. Aber das kann nur geschehen, wenn auch seine Bedürfnisse erfüllt werden. Das ist einfach die menschliche Natur und gesunder Menschenverstand. Bedürfnisse sind essentiell und wichtig für alle. Es gibt das Bedürfnis, sich sicher zu fühlen, Erfolg zu haben oder in deiner Beziehung glücklich zu sein. Es gibt das Bedürfnis, eine Verbindung mit einem lustigen und liebevollen Partner zu haben. Wenn du den Unterschied zwischen Bedürfnissen und Wünschen entschlüsselst, schlage ich vor, dass du dich zuerst auf Notwendigkeiten konzentrierst. Kommuniziere anschließend mit deinem Partner deine Wünsche. Denke daran, dass dein Partner auch Wünsche hat.

Wenn sowohl die Bedürfnisse als auch Wünsche erfüllt werden, ist das Leben wirklich toll. In den meisten Fällen ist auch deine Beziehung gesund. Damit deine Wünsche erfüllt werden können, musst du die Bedürfnisse deines Partners befriedigt haben.

Lass uns mit der Metapher einer Beziehung als Brücke weitermachen. Wir haben bereits festgestellt, dass du das Fundament bist. Das letzte Stück sind die Stützbalken, die auf den Säulen sitzen. Die Stützbalken sind alltägliche Dinge, welche die Säulen ins Wanken bringen und das Fundament erschüttern können. Du wirst in Kapitel 6 mehr über sie erfahren.

Lass uns in das eintauchen, was dich glücklich macht. Einiges davon wird auf dich zutreffen, anderes nicht. Verwende einfach das, was für dich funktioniert. Im Folgenden sind die Bezeichnungen, die ich für vier menschliche Grundbedürfnisse verwende.

- **MÖGEN**
- **NICHT MÖGEN**
- **NICHT KÖNNEN**
- **HASSEN**

Wenn diese vier Bedürfnisse verstanden und respektiert werden, ist es ganz einfach. Du wirst glücklich sein!

Bedürfnis 1:
Was ich MAG

Das erste Bedürfnis wird als das definiert, was du im Leben magst, um glücklich zu sein. Das MÖGEN-Bedürfnis ist das, was das Leben lebenswert macht - das Gefühl, alles zu haben. Wenn dein Partner die Dinge, die du magst, respektiert, ist das Leben großartig. Andernfalls fängst du an, nachtragend und unglücklich mit deinem Partner zu sein.

Hier sind einige häufige Dinge, die unter das MÖGEN-Bedürfnis fallen:

Sich gebraucht und gewollt fühlen: Das Bedürfnis, sich gebraucht und gewollt zu fühlen, kann sich in kleinen Dingen zeigen. Ein Kompliment, eine Hand, die dir auf der Heimfahrt durch die Haare fährt... ein wenig Aufmerksamkeit, die dir entgegengebracht wird, tut nie weh. Wenn du mehr davon wünschst, gib mehr. Es ist ein großartiges Gefühl, wenn dein Partner sagt, dass er dich fantastisch findet, und es auch so meint. Es ist sogar noch besser, wenn er sagt, dass er dich will.

Kameradschaft: Das ist das Bedürfnis, einen lustigen, liebevollen Partner zu haben, den du deinen besten Freund nennen und mit dem du abhängen kannst. Jemanden, mit dem du die ganze Zeit zusammen sein und es genießen kannst. Der Partner, der dich um deiner selbst willen mag. Eine Partnerschaft von zwei unzertrennlichen Menschen.

Wettbewerb: Das Bedürfnis sich zu messen und zu gewinnen ist ein großer Adrenalinschub. Ganz gleich, ob es sich dabei um ein Spiel mit deinen Kumpels oder das Anfeuern eures Teams handelt. Es ist der Gedanke ans Gewinnen, der den Rausch antreibt. Endorphine pur, Baby! Es ist ein natürliches Hochgefühl und lässt dich lebendig fühlen. Wetteifer aber besser nicht mit deinem Partner ... ich sag's nur.

Dinge in Ordnung bringen: Egal, ob du etwas verbal oder physisch in Ordnung bringst, fühlt es sich einfach gut an, es zu erledigen. Es ist ein Schub für dein Ego, wenn du es geschafft hast - du hast es geschafft! Selbst wenn du keine Ahnung hattest, was du gerade getan hast, fühlt es sich einfach gut an. Hier ist also nur positives Feedback erwünscht!

Verzeihen: Das Bedürfnis zu verzeihen ist entscheidend. Fehlt es, wirst du nur wütend bleiben. Verzeihen zu können ist eine Form der geistigen Freiheit. Unterdrücke das also nicht. Es ist entscheidend, zu vergeben, damit du mit anderen wichtigen Aktivitäten weitermachen kannst und dir keine Sorgen machst. Die innere Botschaft lautet: bitte keine schlechten Laune. Je schneller du das Problem behebst und verzeihst, desto schneller kannst du wieder Spaß haben.

Sex: Dein Sexleben beeinflusst dein gesamtes Wohlbefinden - körperlich, geistig und emotional. Es gibt dir das Gefühl, dass du noch alles im Griff hast und dass man sich nicht mit dir anlegen sollte - du bist nämlich der Beste. Wenn du es nicht nutzt, wirst du es verlieren. Wenn dein Partner das nicht kapiert, sollte er verstehen, dass dies die Realität ist: Du brauchst Sex, um dich lebendig zu fühlen. Deine Bedürfnisse müssen auf die eine oder andere Weise befriedigt werden. Diese speziellen Seiten machen nicht von alleine Milliarden; sie brauchen Hilfe.

Groß denken: Willst du an den großen Projekten deines Lebens arbeiten? Denke einfach groß und träume von deiner nächsten Reise, einem Konzert, einem Deal, einem Karrierewechsel, einem Startup oder etwas anderem, dass du schon lange machen wolltest. Einen Partner zu haben, der hinter dir steht und dich unterstützt, ist Gold wert. Wenn Träume zerschmettert werden, ist es auch mit deinem Selbstwertgefühl vorbei. Das führt zu Unsicherheiten. Deshalb ist es das Wichtigste, einen tollen Partner an deiner Seite zu haben. Er ist da, um mit dir zu feiern, wenn du gewinnst und hilft dir, deine Wunden zu lecken und die Scherben aufzusammeln, wenn die Dinge nicht nach Plan laufen. Große Träume müssen manchmal neu kalibriert oder angepasst werden. Wenn du alles gegeben hast und es nicht klappt, ist es in manchen Fällen in Ordnung.

Spielzeug, Gadgets, Hobbys oder Sport: Zeit zum Auftanken kann helfen, deine geistige und körperliche Gesundheit zu stärken und dein Wohlbefinden zu fördern. Es ist mehr als nur eine mentale Auszeit. Diese Aktivitäten können dir das Gefühl geben, lebendig zu sein und einen Sinn zu haben.

Dampf ablassen: Das Bedürfnis, sich zu entspannen, Luft abzulassen und den Kopf frei zu bekommen, ist entscheidend für ein gesundes Leben. Mit deinem Partner über wichtige und unwichtige Themen reden zu können, ohne, dass dir dabei reingeredet wird, ist ein Bedürfnis. Ob du es merkst oder nicht, braucht jeder manchmal ein offenes Ohr. Das gilt auch für dich! So bestätigst du, ob du auf oder neben dem richtigen Weg bist. Dein Partner wird zu deinem Ratgeber. Das Großartige daran, sich mit einem Partner auszutauschen, der ein guter Zuhörer ist, ist, dass es euch näherbringt. Es ist eine Verbindung und ein Band. Es offenbart seine Fürsorge und Liebe.

Wenn dein Partner die Dinge, die du MAGST ehrt und respektiert, sind die Dinge einfach, und du bist glücklich. Wenn eines dieser Dinge mit Füßen getreten wird, ist deine Reaktion jedes Mal die gleiche - du wirst wütend!

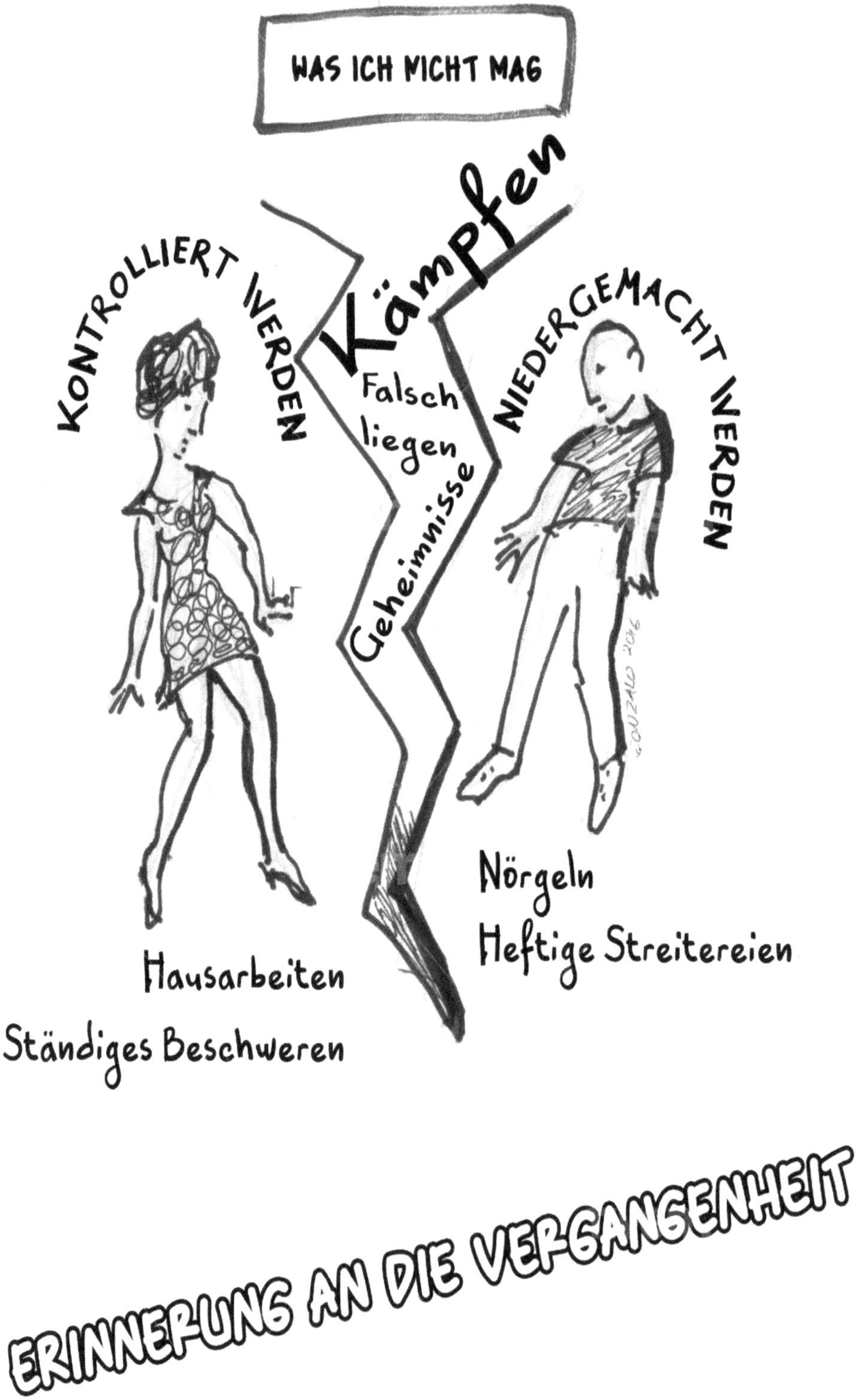

WAS ICH NICHT MAG

Kämpfen

KONTROLLIERT WERDEN

NIEDERGEMACHT WERDEN

Falsch liegen

Geheimnisse

Hausarbeiten

Ständiges Beschweren

Nörgeln

Heftige Streitereien

ERINNERUNG AN DIE VERGANGENHEIT

Bedürfnis 2:
Was ich nicht mag

Dieses zweite Bedürfnis ist vielleicht ein wenig seltsam. So sehr du Respekt für das brauchst, was du magst, so sehr erwartest du auch von deinem Partner, dass er das respektiert, was du NICHT magst. Wenn dein Partner von dir erwartet, dass du ständig Dinge tust, die du nicht magst, kann sich das wirklich unschön anfühlen. Negative Emotionen wie Wut, Frustration und Unmut kommen auf.

Hier sind einige häufige Dinge, die man NICHT mag. Vielleicht kommen sie dir bekannt vor.

Niedergemacht werden: Wenn du niedergemacht wirst, wird dein Ego mit Füßen getreten, besonders wenn es um Aufgaben und Kommentare geht wie: "Ich hasse es, wie du das gemacht hast - es war halbherzig." "Wann wirst du endlich damit fertig werden - nächstes Jahr?" "Ich hätte es besser machen können." "Nächstes Mal werde ich jemanden einstellen, der weiß, was er tut!" Diese Art von Kommentaren bringt nichts, außer ein sarkastisches "Jaja, schon klar!"

Hausarbeiten: Du magst keine Hausarbeiten? Wer tut das schon? Seit deiner Kindheit ist das Wort "Hausarbeit" so, als würdest du Nägel auf einer Kreidetafel quietschen hören. Di flüchtest über alle Berge. Wenn du erst einmal anfängst, findet dein Partner immer wieder neue Aufgaben für dich. Die meiste Zeit fühlst du dich, als ob dein Partner deine Mutter wäre. Kann er sich nicht einfach darum kümmern? Aber um es klar zu sagen - wenn du Hausarbeiten nicht magst, ist das keine Entschuldigung dafür, dass du deinen Teil der Last nicht trägst. Sprich mit deinem Partner darüber, was du nicht magst und wo du dich stattdessen lieber einbringen würdest.

Ständige Gemecker: Du magst es nicht, wenn jemand ständig rummeckert? Es ist eine Herausforderung, positiv und glücklich zu bleiben, wenn ein Partner immer negativ ist. Setze deine kommunikativen Fähigkeiten ein - stelle respektvolle Fragen und biete Unterstützung an, um herauszufinden, was wirklich hinter dem ganzen Gemecker steckt.

Hitzige Argumente: Du magst es nicht, wenn ihr über die Stränge schlagt und euch nur noch anschreit? In diesen Situationen neigst du immer dazu, Dinge gegen deinen Partner zu sagen, die du nicht sagen wolltest oder solltest. Manchmal siehst du die Worte, die aus deinem Mund kommen, in Zeitlupe, ein Wort nach dem anderen. Dann denkst du laut: "Oh mein Gott. Habe ich das gerade gesagt?" Oh! Wie wir uns manchmal wünschen, wir könnten diese Worte zurücknehmen. Doch werden sie uns für den Rest unseres Lebens verfolgen.

Nörgeln: Nörgeln ist einfach gesagt erniedrigend und nervtötend. Du magst es nicht, wenn dein Partner ständig an dir herumnörgelt. Wenn du es nicht wirklich verdienst, solltest du deinen Partner fragen, warum er dich ohne wirklichen Grund angeht. Aber bevor du zu defensiv wirst, solltest du über die Situation nachdenken. Tief im Inneren weißt du vielleicht, dass du genervt wirst, weil du es ausgelöst hast. Hast du eine falsche Erwartung geweckt oder ein Versprechen nicht eingehalten? Hast du eine Ausrede nach der anderen gefunden, weshalb du die Hausarbeiten nicht gemacht hast? Währenddessen merkt dein Partner, dass du trotzdem noch Zeit für spaßigere Dinge hast.

Der Ping-Pong-Effekt: Du magst es nicht, wenn du den Ball schlägst, und er gleich zurückkommt und dich trifft. Du redest beispielsweise mit deinem Partner und erwähnst beiläufig etwas wie: "Ich mag deinen besten Freund nicht." Sofort schlägt dein Partner den Ball zurück. Dein Partner mag auch keinen deiner Freunde. Kennst du das? Du erinnerst deinen Partner an ein Versprechen, das er gegeben hat und bevor du deinen Satz beenden kannst, kramt er in seinem Gedächtnis herum und holt Versprechen hervor, die du vor Jahren gegeben hast und nicht eingehalten hast. Obwohl, das die Person ist, die gerade vergessen hat, wo sie ihren Schlüssel vor zehn Minuten hingelegt hat. Das ist der Ping-Pong-Effekt.

Die Vergangenheit: Wenn dein Partner sich an das Datum, die Stunde und die Minute von allem erinnert, was ihn jemals in der Beziehung gestört hat, ist das definitiv ein Hindernis für eine harmonische Beziehung. Probleme aus der Vergangenheit heraufzubeschwören und sie mit aktuellen Problemen zu vermischen, ist das Schlimmste.

Notlügen: Du erzählst nicht gerne Notlügen. Aber ist es nicht einfacher, als beschimpft oder angeschrien zu werden? Das passiert in der Regel, wenn es eine Meinungsverschiedenheit gibt. Es passiert, wenn du denkst, dass dein Partner unzumutbare Forderungen stellt, die du nicht erfüllen oder befriedigen kannst. So beginnt eine Notlüge. Sie entspringt dem Bedürfnis, eigenständige Entscheidungen zu treffen, ohne deine Handlungen und den damit einhergehenden Mist zu erklären und ein Nein als Antwort zu erhalten.

Die Meinung meines Partners über mich steht für mich über den Meinungen aller anderen.

WAS ICH NICHT KANN

Um Hilfe bitten

Aktivitäten tun, die ich nicht tun möchte

Zugeben, dass ich falsch liege

Dinge zu Ende bringen

Details

Lange Konversationen

Verantwortlich sein

Hausarbeiten

Bedürfnis 3:
Was ich nicht kann

Dieses dritte Bedürfnis mag vielleicht auch etwas seltsam erscheinen. Das, was du NICHT kannst, muss wie die anderen Bedürfnisse auch, respektiert werden, damit du mit deinen Entscheidungen glücklich sein kannst. Wenn du gezwungen wirst, Dinge zu tun, die du nicht kannst, kommen all deine Unsicherheiten aus der Kindheit zum Vorschein. Du wirst an all die Zeiten in der Vergangenheit erinnert, in denen du dich nicht gut genug gefühlt hast.

Anthony Bourdain hat einmal folgendes gesagt: "Was ist das Gegenteil von "in etwas echt schlecht sein"? Einfach nicht mehr "echt schlecht sein"?" Das ist das Problem, wenn du etwas nicht gut kannst. Es gibt einfach keinen einfachen Ausweg.

Findest du dich in den folgenden Punkten, die viele nicht können, wieder?

Zugeben, dass du falsch liegst: Das heißt, dass du akzeptierst, eine falsche Entscheidung getroffen zu haben. Du bist doch aber bei weitem die klügste Person im Raum, wie kannst du da falsch liegen? Es tut besonders weh, wenn dein Partner dich darauf hinweist, dass du dich geirrt hast. Es ist peinlich, das zu hören, und es gibt nichts Erniedrigenderes als einen Partner, der von dir verlangt, dass du die Worte "Ich habe mich geirrt" aussprichst.

Um Hilfe bitten: Danke, YouTube, für die Hilfe bei so vielen schwierigen Projekten im Haus. Aber was ist, wenn das Internet mal nicht funktioniert? Was würdest du dann tun? Du kennst die Antwort. Nichts - schließlich steht dir dein Stolz im Weg, wenn es darum geht, um Hilfe zu bitten. Und warum? Weil du das echt nicht gut kannst!

Aufgaben erledigen: Bist du schlecht darin, Aufgaben pünktlich oder überhaupt zu erledigen? Wenn eine Aufgabe keine große Belohnung bringt, hat sie keine Priorität. Hunde erwarten ein Leckerli - etwas Belohnung schadet nie. Ein Partner, der gutes Verhalten belohnt, schadet auch nicht. Sorge also dafür, dass du für gutes Verhalten mit einem Leckerli belohnt wirst. Ansonsten sind wir einfach schlecht im Erledigen von Aufgaben.

Kleine Details: Bist du einfach schlecht, wenn es um kleine Details geht? Sich mit Details zu beschäftigen, kostet einfach zu viel Zeit. Kurz, schnell und auf den Punkt gebracht ist das Beste, was man machen kann. Schnell rein, schnell raus. Wir leben in einer Welt, in der sofortige Befriedigung die Norm ist und Multitasking bedeutet, gleichzeitig Pizza zu bestellen und das Spiel zu schauen. Alles andere ist einfach zu detailliert, und wir sind einfach schlecht darin.

Lange Gespräche: Wenn dein Partner ein langes Gespräch führen will, wirst du auch wieder erkennen, dass du das nicht gut kannst. Hast du die Aufmerksamkeitsspanne eines Goldfisches, wenn dein Partner dir die Details eines Themas erklären möchte und du bei jedem Wort genau zuhören musst? Geht das nicht auch kurz und knapp? Wenn Details eine Rolle spielen sollen, geht dein Verstand einfach wieder in den Multitasking-Modus über. Dein Partner redet, während du darüber nachdenkst, was für eine Pizza du essen willst. Ist das nicht eine Win-Win-Situation? Ja, ich höre immer noch zu...

Meinungen nicht immer aussprechen: Das ist fast unmöglich. Wenn du eine Meinung hast, wird sie auf die eine oder andere Weise herauskommen.

WAS ICH HASSE

Nach Sex zu betteln

Kontrolliert zu werden

Manipuliert zu werden

Hinter dir her aufräumen

Die folgenden Worte:

Wir müssen reden

Dass mir gesagt wird

was ich zu tun habe

Angeschrien werden

Bedürfnis 4:
Was ich hasse

Dieses vierte und letzte deiner Bedürfnisse ist auch seltsam. Es ist das, was du HASST, das respektiert werden muss, damit du mit deinem Partner glücklich sein kannst. Wenn du gezwungen wirst, Dinge zu tun, die du hasst, wird dein HASS-Bedürfnis ausgelöst. Was du nicht kannst, löst Selbstwertprobleme aus, während HASS dich direkt in Richtung Wut und Verbitterung führt.

**Hier sind ein paar Dinge, die man HASSEN könnte.
Kennst du einige von ihnen?**

Nach Sex betteln: Um Sex betteln zu müssen, steht an erster Stelle der Auslöser für das HASS-Bedürfnis. Wenn dein Partner deine Hoffnungen im Keim erstickt oder du darum betteln musst, bist du in diesem Moment einfach kein normaler Mensch. Du schmollst vielleicht und bettelst etwas. Du bist einfach unglücklich. Du wirst Dinge tun, die du keinem anderen Menschen wünschen würdest, nur um deine Bedürfnisse erfüllt zu bekommen. Stolz, Demut und Selbstwertgefühl werden dabei aus dem Fenster geworfen. Wenn deine sexuellen Bedürfnisse befriedigt sind, schaust du weg, schüttelst dich einmal und machst weiter, wo du aufgehört hast.

Kontrolliert werden: Wenn dein Partner alle Entscheidungen trifft, dir nicht zuhört und massive Erwartungen hat, ohne im Gegenzug Verantwortung zu übernehmen, wirst du kontrolliert. Es fühlt sich an, als ob du nie ein Mitspracherecht hast. Du hast das Gefühl, inkompetent zu sein.

Manipuliert werden: Wer mag schon manipuliert werden? Natürlich niemand. Das ist der Grund, warum du es HASST. Du hasst es, manipuliert zu werden. Du hasst es, manipuliert zu werden und magst es nicht, ausgetrickst zu werden, weil das bedeutet, dass du nie die Kontrolle über die Situation hattest. Verstehst du jetzt, warum ich sage, dass HASS ein Bedürfnis ist?

Hinter dir her aufräumen: Manche Partner lehnen es ab, hinter dir her zu räumen und sagen dann etwas wie: "Ich bin nicht deine Mutter." Die meisten von uns sind sensibel, was die Beziehung zu unseren Müttern angeht. Daher ist die Andeutung, dass wir sie immer noch für die Grundversorgung wünschen oder brauchen, ein Problem.

Wir müssen reden: Keine vier Worte jagen einem Partner so viel Angst ein, wie diese vier Worte - "Wir müssen reden."

Gehe nun einen Schritt zurück und denke über die Dinge nach, die für dich in diese vier Kategorien fallen - MÖGEN, NICHT MÖGEN, NICHT KÖNNEN und HASSEN. Vielleicht gibt es einige Dinge, die du dir selbst zum ersten Mal eingestehst. Dann teile sie mit deinem Partner, so dass dein Partner Bescheid weiß. Gehe nicht davon aus, dass dein Partner das schon weiß. Das Ziel ist es, dass ihr beide eure Bedürfnisse anerkennt.

Als nächstes ist es an der Zeit, über die wichtigsten Bedürfnisse deines Partners zu sprechen. Du bist auf dem Weg, die wahre Ursache für die Unstimmigkeiten in einer Beziehung zu verstehen. Sobald du die Bedürfnisse deines Partners kennst und weißt, wie du sie ansprechen kannst, bist du auf dem richtigen Weg!

Kapitel 6:
Bedürfnisse, die deinen
Partner glücklich machen

**Wenn du deinem Partner hilfst, seine Bedürfnisse zu erfüllen,
wirst du der bestmögliche Partner, der du sein kannst.**

Möchtest du deinen Partner nicht glücklich machen? Wünschst du dir nicht,
dass dein Partner dich mit Liebe, Respekt und Freundschaft ansieht? Wünschst du dir nicht, dass dein Partner dich ansieht, als wärst du das Einzige,
was zählt? Möchtest du nicht, dass dein Partner weiß, dass er auf dich zählen
kann? Möchtest du nicht, dass dein Partner weiß, dass du derjenige sein
wirst, der ihn wirklich beschützt? Dann ist dieses Kapitel das Geheimnis
einer großartigen Beziehung. Die einfachste Erklärung, warum Beziehungen scheitern, ist, weil die Bedürfnisse deines Partners nicht erfüllt wurden.
Wir werden darüber sprechen, wie dein Partner tickt und was er denkt
(ohne die Büchse der Pandora zu öffnen).

Denke daran, dass die vier Bedürfnisse deines Partners Säulen für eure
Brücke sind. Wenn deine Bedürfnisse erfüllt sind, ist das Fundament stark.
Die Säulen deines Partners halten die Brücke aufrecht. Normalerweise ist es
dein Partner, der zu Hause alles am Laufen hält und die Brücke aufrechterhält. Wenn das Fundament und die Säulen stark sind, ist auch deine Brücke
stark.

Hier sind die Säulen. Wenn du deinem Partner hilfst, diese vier Bedürfnisse
zu erfüllen, wirst du der bestmögliche Partner, der du sein kannst.

- **Gleichgewicht**
- **Gleichheit**
- **Sicherheit**
- **Vertrauen**

Deine Aufgabe ist es, dafür zu sorgen, dass die Säulen deines Partners niemals beschädigt werden. Deine Aufgabe ist es, die Bedürfnisse deines Partners zu ehren und zu respektieren. Um dies zu tun, musst du die Bedürfnisse deines Partners unterstützen. Das fängt damit an, dass du die vier Fehler verstehst, die du gemacht hast. Sobald dir dieses Licht aufgeht, verstehst du, wie du deinen Partner mit den Entscheidungen, die du triffst, beeinflusst. Nun kann eine neue Reise für dich und deine Beziehung beginnen.

Die Wahrheit ist, dass du deine Verhaltensweisen ändern musst. Denke daran, dass du das Fundament bist. Das Fundament muss sich zuerst setzen. Das beginnt damit, dass du verstehst, warum deine Bedürfnisse nicht erfüllt wurden - wenn die Bedürfnisse deines Partners allerdings bislang auch nicht erfüllt wurden, gibt es auch keine Möglichkeit, dass deine erfüllt werden. Wenn du das verstanden hast, weißt du, was ich meine, wenn ich von einer glücklichen Beziehung spreche. Wenn du nicht einverstanden bist, kann ich dir nur viel Glück wünschen.

Du wirst lernen, dass jede Säule von den täglichen Problemen betroffen ist, die sich ergeben. Wenn du positiv und unterstützend bist, dann bleiben die Säulen unbeeinflusst. Wenn du negativ und passiv bist, wirst du die Säulen beschädigen. Je negativer und passiver du bist, desto mehr Risse werden entstehen. Je mehr Risse es gibt, desto schwächer ist die Säule. Wenn alle vier Säulen schwach sind, kann deine Beziehung ins Wanken geraten. Deine Aufgabe ist es, dafür zu sorgen, dass du deine Brücke ohne Risse in den Säulen erhältst.

Eine Möglichkeit, wie du Risse erkennen kannst, ist, auf die Signale zu achten, die dein Partner aussendet, um deine Aufmerksamkeit zu bekommen. Du könntest es als Nörgelei bezeichnen. Wenn dein Partner ständig an dir herumnörgelt, kannst du dir denken, dass du eine Menge Risse zu reparieren hast. Natürlich kannst du sie ignorieren und ein schmerzhaftes, kriegerisches Leben führen, bis du nur noch Trümmer hast.

Verstehe, dass das Reparieren jeder Säule am Anfang Aufmerksamkeit und eine Menge Arbeit erfordert. Stell dir das wie eine Brücke vor, die schon eine Weile nicht mehr inspiziert wurde. Es ist kein Projekt, was man über Nacht fertigstellen kann. Jede Säule ist einzigartig und erfordert spezielle Werkzeuge und Fähigkeiten, um sie zu reparieren. Wenn du versuchst, ein Problem mit einem Kreuzschlitzschraubendreher zu beheben, obwohl du einen Schlitzschraubendreher brauchst, wird es einfach nicht funktionieren. Darauf gehen wir im nächsten Kapitel ein.

Die gute Nachricht ist, dass man diese Säulen einen Riss nach dem anderen reparieren kann. Es wird länger brauchen, um tiefe Risse auszubessern, aber mit sorgfältigen, konsequenten Bemühungen und den richtigen Werkzeugen gibt es immer Hoffnung. Hoffnung ist eines der größten Geschenke deines Partners im Leben. Ohne Hoffnung wäre dein Partner schon lange weg.

Gehen wir also auf die vier Bedürfnisse deines Partners ein und überlegen wir uns, was es braucht, um jede Säule zu stützen. Bevor wir uns damit beschäftigen, wie viel Schaden jede einzelne Säule angesammelt hat, sollten wir etwas langsamer vorgehen. Versuche beim Lesen dieses Kapitels auf vergangene Erfahrungen zurückzublicken, um zu verstehen, wo du die Bedürfnisse deines Partners vernachlässigt haben könntest.

GLEICHGEWICHT

Löse nicht die
Probleme deines Partners
Sei ein guter Zuhörer

Gute Zeit zu zweit
ist entscheidend
Sport & Hobbys brauchen
ein Gleichgewicht

Bedürfnis/Säule 1:
Gleichgewicht

Ungerade Säulen führen zu einer instabilen, wackeligen Brücke. Wie auch diese Brücke, läuft eine unausgewogene Beziehung Gefahr, einzustürzen. Gleichgewicht bedeutet, dass du in der Lage bist, für deinen Partner einzuspringen, wenn er deine Unterstützung braucht. Ob nun beim Kochen des Abendessens, beim Putzen, bei der Wäsche, beim Einkaufen oder wenn du die Kinder ins Bett bringst. Wenn dein Partner diese Aktivitäten normalerweise macht und du merkst, dass er erschöpft ist, solltest einspringen, ohne, dass dein Partner dich erst fragen muss. Der Schlüssel zum Ausbessern von Rissen in der Säule des Gleichgewichts ist, dass du aufhörst, deinen Partner zu vernachlässigen und zu ignorieren - wie in Kapitel 2 besprochen.

DINGE, DIE DAS GLEICHGEWICHT EURER BEZIEHUNG BEEINTRÄCHTIGEN

Das Gleichgewicht einer Beziehung wird fast immer durch diese Faktoren beeinträchtigt. Im nächsten Kapitel gehen wir auf die täglichen Werkzeuge ein.

- **Familie**
- **Freunde**
- **Gewohnheiten**
- **Gesundheit**
- **Hobbys & Sport**
- **Kinder**
- **Dampf ablassen**
- **Arbeit**

Es gibt komplexere Themen, die ich "Gepäck"-Themen nenne, die das Gleichgewicht der Beziehung beeinflussen. Diese sind…

- **Süchte**
- **Depressionen**
- **Eine Nie-Genug-Mentalität**
- **Traumata**

Dieses Buch deckt ein paar der am häufigsten verwendeten täglichen Werkzeuge ab. Für weitere Werkzeuge und die GEPÄCK-Themen, gehe auf www.Duhastrechtichliegefalsch.de

Eine Beziehung im Gleichgewicht bedeutet, in Situationen zusammenzukommen, die Teamarbeit erfordern. Das sind die Momente, die deinen Partner dazu veranlassen, positiv über den Zustand eurer Partnerschaft zu reflektieren und ihm das Gefühl geben, dass es ihr gut geht. Einen beständigen Rhythmus zu finden, hilft dabei, Gleichgewicht, Gleichheit, Sicherheit und Vertrauen in eure neue Norm zu schaffen. Wenn du das Gleichgewicht in deiner Beziehung finden kannst, kannst du im gleichen Atemzug sagen, dass du dein Leben und deinen Partner liebst. Die beiden werden zu einer Symbiose.

Gleichgewicht zu schaffen bedeutet, dass du einspringst, wenn dein Partner auf der Arbeit viel zu tun hat, wenn es eine Tragödie in der Familie gibt oder wenn er sich nicht gut fühlt und Schwierigkeiten hat, die üblichen Dinge im Alltag zu erledigen. Es bedeutet, die Initiative zu ergreifen und zu helfen. Zwinge deinen Partner nicht dazu, erst fragen zu müssen. Hol einfach die Kinder ab, bring sie zum Fußballtraining, koche das Abendessen oder erledige den Haushalt. Kümmere dich um die Aufgabe, die gerade ansteht. Das schafft ein ausgewogenes Gleichgewicht zu Hause und in der Beziehung.

Es ist das Geben und Nehmen, das es zu einer Partnerschaft macht. Es geht in beide Richtungen - das Yin und Yang einer Beziehung. Vielleicht die bekannteste Philosophie im Taoismus, lehrt uns das Yin/Yang die Idee, dass zwei Hälften zusammen etwas Ganzes ergeben. Sie bezeichnen auch einen Ansatzpunkt für Veränderung.

Hier ist ein Beispiel: Es ist Samstagmorgen. Heute Abend gibst du eine Dinnerparty für 25 Freunde. Hier läuft eure Beziehung zur Höchstform auf. Sowohl du als auch dein Partner kennen bereits eure Rollen und alles läuft reibungslos ab. Hier zeigt sich die gleichwertige Rollenverteilung, der ihr euch beide verpflichtet habt. Dein Partner richtet das Haus her und beginnt, die Gäste zu begrüßen, während du Musik auflegst und den Grill anwirfst. Wenn das Abendessen vorbei ist, räumt einer von euch das Geschirr ab, während der andere den Kaffee vorbereitet. Wenn alles vorbei ist, seid ihr beide körperlich und geistig erschöpft, aber es gab relativ wenig Stress während des ganzen Abends. Ihr könnt die Dinnerparty also voll und ganz genießen. Das ist der Moment, in dem du erkennst, dass es keine Ausreden gibt, warum du und dein Partner nicht immer diese Art von Gleichgewicht in der Partnerschaft haben könnt.

Stelle dir folgende Frage: Was steht einem solchen Gleichgewicht in eurer Beziehung im Weg? Glaubst du, dass es ein Gleichgewicht gibt, wenn du dich mit deinen Hobbys oder deinem Sport verausgabst? In Form zu bleiben ist eine Sache, aber wenn du jedes Wochenende Fußball, Golf oder Tennis spielst, dann nach Hause kommst und ein Spiel im Fernsehen guckst, um dich anschließend beim Abendessen auf dein Fantasy-Baseball- oder Footballteam zu konzentrieren, dann bleibt keine Zeit mehr für das Gleichgewicht. Wenn du am Sonntagmorgen Sport im Fernsehen schaust, hat dein Partner keine Zeit für dich. Das ist keine ausgewogene Beziehung. Etwas muss weichen, und hoffentlich ist es nicht dein Partner.

In Kapitel 2 habe ich erklärt, dass der erste Fehler, den man als Partner macht, ist, seinen Partner zu vernachlässigen oder zu ignorieren. Das wirkt sich direkt auf die Säule des Gleichgewichts aus. Es ist also deine Aufgabe, dafür zu sorgen, dass die Säule des Gleichgewichts deines Partners nicht beschädigt wird, wenn es um die alltäglichen Dinge geht.

GLEICHHEIT

Die Stimme deines
Partners wird gehört

Geteilte
Verantwortung

Gemeinsame
Entscheidungen

Kommunik.

Bedürfnis/Säule 2:
Gleichheit

In einer Beziehung bedeutet Gleichheit, dass du die Gedanken, Meinungen und Vorschläge deines Partners in einer Weise respektierst, die sicherstellt, dass dein Partner eine Stimme hat. Dein Partner erkennt die Dinge, die du für ihn tust, an. Im Gegenzug würdigst du deinen Partner für alles, was er für dich tut. Wenn dein Partner völlig offen und ehrlich ist, verlangt der gegenseitige Respekt, dass du dich auf die gleiche Weise verhältst. Behandle deinen Partner so, wie du selbst behandelt werden möchtest - oder besser. Nur dann bist du auf dem Weg zu einer Beziehung auf Augenhöhe. Der Schlüssel, um Risse in der Säule der Gleichheit auszubessern, ist es, hohe Ansprüche an die Beziehung zu haben - so, wie wir es in Kapitel 2 besprochen haben.

DINGE, WELCHE DIE GLEICHHEIT IN EURER BEZIEHUNG BEEINTRÄCHTIGEN

Hier geht es um alltägliche Probleme, die sich auf deine Beziehung auswirken können, wenn du sie nicht richtig angehst. Auf die täglichen Werkzeuge gehen wir im nächsten Kapitel ein.

- **Streitereien**
- **Konfliktvermeidung**
- **Ansichten**
- **Mangel an Wertschätzung**
- **Gegenseitiger Respekt**
- **Egoismus**
- **Geteilte Verantwortung**
- **Stimme**

Gepäck, das die Gleichheit beeinträchtigt, sind Dinge wie

- **Ungesunde Bindung**
- **Erbsenzählerei**
- **Co-Abhängigkeit**
- **Verbitterung**

Dieses Buch deckt ein paar der am häufigsten verwendeten täglichen Werkzeuge ab. Für weitere Werkzeuge und die GEPÄCK-Themen, gehe auf www.Duhastrechtichliegefalsch.de

Das Gegenteil von Gleichheit ist Ungleichheit. Es bedeutet, dass du deinen Partner unterbrichst oder über ihn hinweg redest, wenn du nicht mit dem einverstanden bist, was er sagt. Ungleichheit ist die Ansicht, dass alle Entscheidungen durch dich getroffen werden müssen. Ungleichheit ist, wenn dein Partner vor Freunden, Familie oder Gästen wie auf Eierschalen um dich herum läuft. Ungleichheit besteht dann, wenn du herumschreist, Dinge durch die Gegend wirfst oder aus dem Raum stürmst, um deinen Standpunkt klarzumachen. Ungleichheit ist, wenn du deinem Partner sagst, er würde es "nicht verstehen", wenn ihr über ein Problem diskutiert.

Beide Parteien müssen bereit sein, sich entgegenzukommen und das zu praktizieren, was ich kooperatives Verhalten nenne, um Gefühle der Anspruchshaltung zu vermeiden. Auch hier musst du dein Ego vor der Tür lassen.

Macht dein Partner zum Beispiel normalerweise das Abendessen? Nehmen wir an, du kommst eines Abends nach Hause und dein Partner ist nicht zu Hause. Was ist deine erste Reaktion? Wenn deine Antwort ist, deinen Partner anzurufen und zu fragen, wann er nach Hause kommt, um das Abendessen zu machen, hast du verloren! Wenn deine Antwort ist, dir selbst ein Abendessen vor dem Fernseher zu machen, dir ein Bier zu holen und das Spiel einzuschalten, dann hast du gewonnen! Nur ein Scherz. Du hast trotzdem verloren. Die Antwort ist, in die Küche zu gehen und das Abendessen zu kochen, genau wie dein Partner es tun würde.

Kein Essen oder Lebensmittel im Haus? Dann steigst du in dein Auto und fährst einfach zum Supermarkt und kaufst Lebensmittel ein. Dann kommst du nach Hause, suchst dir ein Rezept heraus und kochst das Abendessen. Wenn du klug bist, sagst du, wenn dein Partner nach Hause kommt, dass du ihn vermisst hast, küsst ihn und servierst das Abendessen. Wenn du fertig bist, räumst du alles auf. Das ist Gleichheit, das ist eine Beziehung, das ist Liebe. Du gewinnst!

Bei der Gleichheit geht es um Respekt und darum, die Bedürfnisse und die Stimme deines Partners genauso wichtig sein zu lassen wie deine. Behandle deinen Partner so, wie du behandelt werden möchtest, Punkt. Wenn du mit Freunden unterwegs bist und mit dem, was dein Partner sagt, nicht einverstanden bist, unterbrich ihn nicht. Lass deinen Partner ausreden, besonders wenn ihr nicht einer Meinung seid. Niemand wünscht sich, unterbrochen, herablassend behandelt oder, schlimmer noch, angeschrien zu werden. Meinungsverschiedenheiten müssen nicht in Gebrüll, Tiefschlägen oder Respektlosigkeit enden. Zwei Hälften ergeben ein Ganzes. Das bedeutet 50/50. Nicht 75/25, was bedeutet, dass du 75 Prozent aller Entscheidungen treffen darfst. Verstehst du das?

Sich anzugewöhnen, rumzuschreien, ist in der Regel wirklich nicht gut und sollte so schnell wie möglich abgestellt werden. Es schafft Raum für ein gestörtes Umfeld. Das Ziel hier ist es, die Welt deines Partners zu rocken. Deinen Partner so gut zu kennen, dass du antizipierst, was er braucht, bevor er es überhaupt weiß. Das ist wirklich möglich. Ich habe es bewiesen, und es macht meinen Partner verrückt, dass ich ihn so gut kenne. Wenn du dieses Ziel erreichst, wirst du derjenige sein, über den dein Partner nicht mehr aufhören kann, mit Freunden und Familie zu reden. Du wirst von deinem Partner wirklich geliebt.

SICHERHEIT

Emotionale
Unterstützung
ist ein Muss

Bedürfnis/Säule 3:
Sicherheit

Ein Partner fühlt sich in einer Beziehung sicher, wenn er er selbst sein kann, offen kommuniziert und sich emotional sicher fühlt. Ein Mangel an Sicherheit in einer Partnerschaft kann zu verschiedenen Komplikationen führen. Es entstehen zum Beispiel Zweifel, Verwirrung, Eifersucht und Traurigkeit. Der Schlüssel zum Reparieren von Rissen in der Säule der Sicherheit ist es, aufzuhören, falsche Erwartungen in der Partnerschaft zu setzen, wie in Kapitel 2 besprochen.

DINGE, WELCHE DIE SICHERHEIT IN EURER BEZIEHUNG BEEINTRÄCHTIGEN

Hier geht es um alltägliche Probleme, die sich auf deine Beziehung auswirken können, wenn du sie nicht richtig angehst. Auf die täglichen Werkzeuge gehen wir im nächsten Kapitel ein.

- **Emotionale Unterstützung**
- **Sich geliebt fühlen**
- **Finanzen**
- **Eifersucht**
- **Manipulation**
- **Stress**
- **Laune**
- **Gewicht**

Gepäck, welches die Sicherheit in eurer Beziehung beeinträchtigt, sind Dinge wie

- **Missbrauch**
- **Finanzen**
- **Vergebung**
- **Selbstwertgefühl**

Dieses Buch deckt ein paar der am häufigsten verwendeten täglichen Werkzeuge ab. Für weitere Werkzeuge und die GEPÄCK-Themen, gehe auf www.Duhastrechtichliegefalsch.de

Es sollte eines deiner Lebensziele sein, dass sich dein Partner in allen Belangen sicher fühlt. Wenn du jemals mit einer anderen Person geflirtet hast oder übermäßig freundlich warst, kann das deinen Partner dazu veranlassen, eifersüchtig zu sein. Wenn du verschwenderisch mit Geld umgegangen bist, könntest du das Bedürfnis deines Partners nach Sicherheit ins Wanken bringen.

Sicherheit entsteht in einer Beziehung, wenn Partner sich gegenseitig den Rücken stärken, um innerhalb eines partnerschaftlichen Unterstützungssystems unabhängig zu handeln. So bleibt das mentale und emotionale Gleichgewicht erhalten. Der Begriff "sich an seinem Partner abstützen" hat sowohl eine metaphorische als auch eine wörtliche Anwendung für die Fixierung oder Aufrechterhaltung der Säule der Sicherheit. Es bedeutet, dass du geistig, körperlich und emotional präsent bist, um zuzuhören und über Schwierigkeiten zu sprechen.

Wenn dein Partner in eurer Beziehung unsicher ist, dann liegt das daran, dass du diesen Ton gesetzt hast. Dem magst du vielleicht zuerst nicht zustimmen, wenn du es zum ersten Mal hörst. Als nächstes fühlst du dich vielleicht defensiv, sogar wütend oder frustriert. Aber es ist wahr. Es sind die kleinen Sticheleien, Beleidigungen und Kommentare der Unzufriedenheit, die auf das Gefühl der Sicherheit deines Partners in eurer Partnerschaft spielen können.

Du weißt zum Beispiel, dass das Gewicht deines Partners ihn verunsichert, stichelst aber trotzdem immer wieder dagegen. Vielleicht sind sie stundenlang einkaufen, kommen nach Hause und fragen, wie sie aussehen, und du sagst, dass dir das, was sie ausgesucht haben, nicht gefällt. Das alles spielt eine Rolle für die Sicherheit deines Partners. Du hast es in der Hand, deinen Partner zu stärken und ihm das Gefühl zu geben, geliebt zu werden, oder ihn zu entwürdigen und ihm das Gefühl zu geben, unsicher und minderwertig zu sein. Aus diesem Grund bist du selbst schuld, wenn du nicht klüger reagierst. Anstatt negative Kommentare zu machen, solltest du positive Kommentare machen. Sonst kannst du im Alleingang einen Riss in der Säule der Sicherheit deines Partners auslösen.

Auch wenn du eine Meinungsverschiedenheit mit deinem Partner hast und du anfängst, deinen Partner vor Freunden zu degradieren, bist du der Schuldige an seiner Verlegenheit und Unsicherheit. Bevor du also das nächste Mal wieder alle Geschütze auffährst und gleich das ganze Haus in die Luft sprengst, solltest du einfach mal innehalten und deinen Partner mit Respekt behandeln und ein Gespräch führen.

Verstehe, dass finanzielle Sicherheit nötig ist, damit sich dein Partner sicher fühlt. So hast du beispielsweise eine Menge Geld gespart, das du nun investieren möchtest. Jedoch findet dein Partner es zu riskant. Das ist ein heikles Thema, denn es betrifft dein eigenes Bedürfnis zu träumen und groß zu denken. Dein Partner ist der Meinung, dass du das Geld in eine sicherere Investition stecken solltest, als du im Sinn hast. Hier ist das Dilemma. Wenn du es nun machst, beeinträchtigst du das Bedürfnis deines Partners nach Sicherheit. Wenn du es nicht machst, beeinträchtigst du dein eigenes Bedürfnis nach Dingen, die du MAGST. Hier kommen deine Lektionen über Kompromisse und Kommunikation ins Spiel. Denke daran, dass du dafür lernen musst, wie man gibt und nimmt. Manchmal kannst du deine Träume verwirklichen, und manchmal musst du deinem Partner helfen, seine Träume zu verwirklichen. Mache es zu deiner Aufgabe, unterstützend zu sein, indem du Sicherheit in die Beziehung bringst.

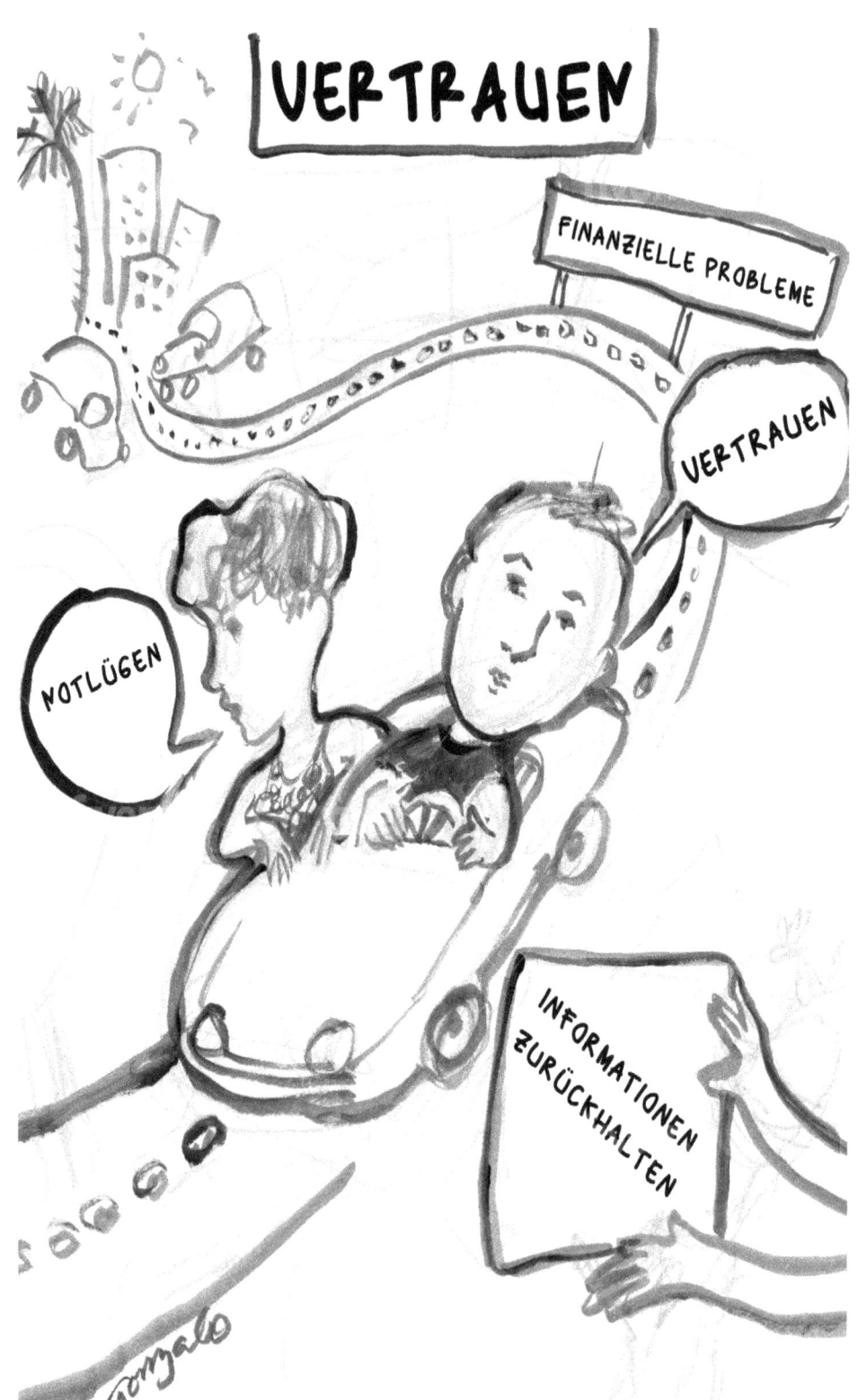

Bedürfnis/Säule 4:
Vertrauen

Was habt ihr wirklich, wenn ihr euch nicht vertrauen könnt?

Vertrauen ist eine notwendige Grundlage für eine erfolgreiche Beziehung. Wenn das Vertrauen fehlt, führt es zu einer wackeligen Partnerschaft. Vertrauen ist das wichtigste Beziehungsbedürfnis. Stell dir die Säule des Vertrauens als eine tragende Säule vor, die, wenn sie beschädigt ist, alle Säulen gleichzeitig zum Wanken bringen kann. Schwere Enttäuschungen können dafür sorgen, dass die Brücke eurer Beziehung kaum noch etwas tragen kann.

The key to fixing cracks in the trust pillar is to stop the lies and secrets, as discussed in Chapter 2.

DINGE, WELCHE DAS VERTRAUEN IN EURER BEZIEHUNG BEEINTRÄCHTIGEN

Der Schlüssel zum Ausbessern von Rissen in der Säule des Vertrauens ist es, aufzuhören, zu Lügen und Geheimnisse zu wahren - wie in Kapitel 2 besprochen.

- **Grenzen**
- **Integrität**
- **Intimität**
- **Lebensstil**
- **Beziehungsdynamik**
- **Zweifel**
- **Technik**
- **Notlügen**

Gepäck, welches das Vertrauen in eurer Beziehung beeinträchtigt, sind Dinge wie

- **Gefühlte Ablehnung**
- **Abkopplung**
- **Doppelleben**
- **Schwerwiegende Lügen**

Dieses Buch deckt ein paar der am häufigsten verwendeten täglichen Werkzeuge ab. Für weitere Werkzeuge und die GEPÄCK-Themen, gehe auf www.Duhastrechtichliegefalsch.de

Wie Respekt muss auch Vertrauen auf Gegenseitigkeit beruhen. Du solltest glauben, dass du deinem Partner vertrauen kannst. Ohne Vertrauen schleicht sich schnell Misstrauen gegenüber deinem Partner ein. Vertrauen führt zu Freiheit in deiner Beziehung. Wenn Vertrauen nicht vorhanden ist, führen negative Annahmen zu Unsicherheiten, die eure Beziehung einengen. Misstrauen kann tiefe Furchen hinterlassen. Es ist der Grund, warum Partner übermäßig kontrollierend werden können, wenn Probleme auftauchen. Es ist der gleiche Grund, warum Notlügen nie einfach nur Notlügen sind. Sie sind immer Beweise dafür, dass der eine dem anderen etwas vormacht. Wenn du bei einer Notlüge erwischt wirst, kann das zu einem großen Streit führen.

Niemand mag es, hinters Licht geführt zu werden. Lügen greifen das Vertrauen an. Wenn das Vertrauen eines Partners verletzt wurde, kann es ein Kampf sein, dieses Vertrauen zurückzugewinnen. Manche Beziehungen setzen von Anfang an Vertrauen in den anderen, bis etwas passiert, das dieses Vertrauen bricht. Andere arbeiten in ihren Beziehungen rückwärts und bauen das Vertrauen im Laufe der Zeit allmählich auf. Im letzteren Szenario wird das Vertrauen über einen Zeitraum verdient und durch verschiedene Tests gemessen, bevor beide Partner zweifelsfrei sagen können, dass sie sich gegenseitig vertrauen.

Erinnern wir uns an Zeiten in deinem Leben, in denen dein Partner versucht hat, dich dazu zu bringen, dass du gestehst, dass du gelogen hast. Warum hat dein Partner das vermutet? Weil er gemerkt hat, dass du etwas verschweigst. Er hat dir eine Frage gestellt, auf die er die Antwort schon kannte, nur um zu sehen, was du sagen würdest. Nennen wir das mal den Lügentest. In regelmäßigen Abständen wird dich dein Partner vielleicht testen, um zu sehen, ob du ehrlich bist. Wenn du richtig antwortest, ist alles in Ordnung. Wenn du durchfällst, hast du deinem Partner unwissentlich die Erlaubnis gegeben, misstrauisch zu sein und weiter nachzubohren. Das kann so weit gehen, dass dein Partner dein Telefon und deine E-Mails überprüft. Du hast es im Grunde genommen vermasselt. Versuche, in der Beziehung ein besseres Urteilsvermögen zu haben.

Du musst ein offenes Buch werden.

Indem du deinem Partner alles erzählst, wird aus dir ein offenes Buch. Wenn dein Partner sich aus welchem Grund auch immer unsicher fühlt und du nichts zu verbergen hast, ist ein offenes Buch zu sein der schnellste Weg, um Vertrauen in die Beziehung zurückzubringen. Erlaube deinem Partner den Zugang zu deinem Telefon und deinen E-Mails. Dies wird deinem Partner Sicherheit geben. Es wird alle Sorgen beseitigen. Wenn du das tust, bekommst du deine Freiheit zurück.

Eine Lektion, die du dir merken musst: Es ist falsch, etwas zu tun, was du nicht tun würdest, wenn dein Partner im selben Raum wäre. Würdest du dieser einen ganz bestimmten Person beispielsweise eine SMS schreiben, wenn dein Partner neben dir stehen würde? Wenn die Antwort nein ist, dann ist es falsch und du hast eine Grenze überschritten und dich in die Grauzone des Fremdgehens begeben. Schickst du flirtende SMS an einen Kollegen, gibst anderen private Informationen preis oder schreibst mit einem Ex, ohne dass dein Partner davon weiß? Hör besser auf damit. Alles, was du tust, ist, das Vertrauen zu verletzen und deine Freiheit zu verlieren.

Lass uns über eine andere Art von Vertrauen sprechen. Auch wenn du Dinge im Haus erledigst oder das Auto reparierst, solltest du dir darüber im Klaren sein, dass dein Partner dich dabei beobachtet und dir durch diese Dinge immer weiter vertrauen wird. Je komplizierter das Projekt ist, desto mehr Vertrauen wirst du verdienen. Wenn du dich aber vor der Arbeit drückst oder schlampig arbeitest, passiert das Gegenteil. Du verlierst das Vertrauen deines Partners, obwohl du die Aufgabe erledigt hast. Dein Partner wird dich sogar mit Worten wie "Ich kann dir nicht vertrauen" beschimpfen oder vorschlagen, dass sich beim nächsten Mal jemand anderes darum kümmern sollte. Je länger eine Aufgabe unerledigt bleibt, desto mehr wird dein Partner deine Fähigkeit in Frage stellen, sie zu erledigen. Das Verrückte daran ist, dass die meisten Menschen Vertrauensprobleme nicht mit unvollendeten Projekten gleichsetzen. Wenn du sagst, dass du etwas tun wirst, tu es auch. Was noch wichtiger ist? Bringe es zu Ende. Werde ein Überflieger. Arbeite hart daran, einen tollen Job zu machen, damit dein Partner dir vertrauen kann.

DER RESET KNOPF

TEIL 3:
DAS ZURÜCKSETZEN EURER BEZIEHUNG

WERKZEUGE

TÄGLICHE TOOLS FÜR DAS GLEICHGEWICHT IN DER BEZIEHUNG

Liebe
Stress
Stimmung
Gewicht
Grenzen
Lebensstil
Notlügen

Freunde

Schlechte Gewohnheiten

Hobbys und Sport

Arbeit

Streitigkeiten

Überzeugungen

Wertschätzung

Geteilte Verantwortung

ZweitesRaten

Kapitel 7:
Tägliche Werkzeuge für Gleichgewicht in der Beziehung

Du kennst das berühmte Zitat: "Wahnsinn ist, immer wieder das Gleiche zu tun und andere Ergebnisse zu erwarten." Du bist nicht wahnsinnig, also ist es jetzt an der Zeit, die Dinge, die du tust, zu ändern, damit du ein anderes - besseres - Ergebnis für deine Beziehung erzielen kannst.

Jetzt, wo du so weit gekommen bist, können wir mit dem Zurücksetzen beginnen. Aber bevor wir in die Werkzeuge eintauchen, gönne dir einen Moment Pause. Geh joggen, meditiere... tu, was immer du tun musst, um Stress, negative Gedanken über deinen Partner oder einfach nur Wut loszulassen. Gönne dir eine Pause, damit du erfrischt und mit einer positiven Perspektive zu diesen Werkzeugen zurückkehren kannst.

Dies ist der Teil, auf den du gewartet hast: die Werkzeuge, um deine Brücke zu reparieren. Wo du anfangen kannst, die vier Säulen deines Partners zu reparieren, sollte jetzt ziemlich klar sein. Dieses Kapitel gibt dir einige Beispiele für alltägliche Probleme, eine Liste von Fragen, die du und dein Partner bedenken sollten, plus die Werkzeuge für praktische Verbesserungen.

Dieses Kapitel befasst sich mit den Top-Level-Themen. Weitere Beispiele, Werkzeuge und Ratschläge findest du unter www.Duhastrechtichliegefalsch.de

Die Fragen sind eine Chance für den "Aha"-Moment. Deine und die Antworten deines Partners werden dich vielleicht überraschen (und faszinieren). Denke daran, dass die Fragen ein Realitätstest sind, um mehr über den anderen zu erfahren - nicht um ihn zu beurteilen. Ob du die Antworten von dir und deinem Partner gut, schlecht oder gleichgültig findest - und ob du zustimmst oder nicht - die Fragen helfen euch beiden, sich auf dem gleichen Spielfeld zu begegnen. Das Ziel hier ist es, eure Brücke zu reparieren oder besser zu erhalten.

Wenn du anfängst, dich verletzt zu fühlen und Verbitterung über die Kommentare deines Partners zu empfinden, gehe einen Schritt zurück und besprche sie später noch einmal. Tatsache ist, dass, wenn einige der täglichen Themen angesprochen werden, sie Verbitterung und Schmerz aus der Vergangenheit hochbringen könnten. Das ist ein Teil des Reparaturprozesses. Du musst die Vergangenheit anerkennen und in Ordnung bringen, damit du in der Zukunft eine bessere Partnerschaft haben kannst. Nimm dir einen Punkt nach dem anderen vor, bis sie alle behoben sind.

Lass uns anfangen!

FREUNDE

Findet einen gemeinsamen Nenner Ein Partner mag deine Freunde, wenn sie deinen Freiraum respektieren. Freunde können auch bedürftig, anspruchsvoll, unvernünftig und egoistisch sein, was dazu führt dass dein Partner sie nicht mag.

Freundschaften ins Gleichgewicht bringen:

**Ihr könnt keine gemeinsame Geschichte schreiben,
wenn ihr nicht auf der gleichen Seite steht.**

Freundschaft entflammt den Teil des Gehirns, der dafür sorgt, dass du dich gut fühlst. Freunde helfen dir, mit Stress umzugehen und bessere Lebensentscheidungen zu treffen. Freunde halten dich im Zaum. Sie halten dich geerdet und stärken deine Moral.

Ein Partner mag deine Freunde, wenn sie deinen Freiraum respektieren, vernünftig und lustig sind und es deinem Partner leicht machen, sie zu akzeptieren. Freunde können auch emotional bedürftig, fordernd, unvernünftig und egoistisch sein, was dazu führt, dass dein Partner sie nicht mag. Hoffentlich hast du nicht die Art von Freunden, die zu ungewöhnlichen Zeiten anrufen und von dir erwarten, dass du alles stehen und liegen lässt, um mit ihnen zu reden.

Wenn du nicht aufpasst, haben Freunde die größte Fähigkeit, eine Beziehung zu zerstören. Und warum? Wegen der Bindung und dem Vertrauen, das über die Jahre aufgebaut wurde. Freunde können deinen Partner dazu bringen, dein Urteilsvermögen bei schwierigen Entscheidungen in Frage zu stellen. Wenn du den Rat eines Freundes über den deines Partners stellst, ist Ärger vorprogrammiert.

Genauso solltest du aufpassen, wie viel schmutzige Wäsche du mit deinen Freunden teilst. Es ist natürlich, Freunde um Rat zu fragen. Aber zu viele Freunde und zu viele Stimmen können für eure Partnerschaft gefährlich sein, besonders wenn es um Themen geht, die privat gehalten werden sollten.

Solltest du also mit deinen besten Freunden konkurrieren? Das tust du nicht. Du akzeptierst und stellst sicher, dass du mit deinem Partner auf der gleichen Seite bist, wie Freunde koexistieren sollten. Aber manchmal geraten Freundschaften aus dem Gleichgewicht oder überschreiten Grenzen. Wenn das passiert, ist es OK, es deinem Partner gegenüber zuzugeben und zu sagen: "Du hast recht, ich liege falsch."

Fragen für dich und deinen Partner:

Magst du meine Freunde?

Gehen wir einen Kompromiss ein, wie viel Zeit wir jeweils mit Freunden am Telefon oder persönlich verbringen?

Haben wir Grenzen gesetzt, wie viele Informationen wir mit Freunden über unsere Beziehung teilen?

Überschreiten unsere Freunde jemals unsere Grenzen? Bringen sie uns dazu, Dinge zu tun, die wir bedauern?

Sind einige unserer Freunde zu bedürftig?

Mischen sich unsere Freunde zu sehr in unser Privatleben ein?

Tauchen unsere Freunde unerwartet auf? Wünschst du dir manchmal, dass sie es nicht tun würden, aber du hast nichts gesagt oder Ausreden dafür gefunden?

Nutzen unsere Freunde uns aus, einzeln oder als Paar?

Sagen wir unseren Freunden jemals nein?

Denkst du, dass unsere Freunde uns schlechte Ratschläge geben?

Denkst du, dass unsere Freunde gemein oder rachsüchtig sein können?

Denkst du, dass wir in der Lage sind, Freunde loszulassen, die nicht gut für unsere Beziehung sind? Denkst du, dass wir unser Engagement füreinander vor dem Engagement für unsere Freundschaften priorisieren?

EIN WERKZEUG UM FREUNDSCHAFTEN INS GLEICHGEWICHT ZU BRINGEN: GLEICHE SEITE

Wenn es um Freunde geht, ist das eigentliche Problem, dass ein Partner das Gefühl haben kann, dass er immer mit deinen Freunden konkurriert, entweder in Bezug auf Zeit oder Aufmerksamkeit. Das kann zu Verbitterung innerhalb der Partnerschaft führen.

Die zweite Sache, die auftritt, ist, wenn dein Partner deine Freunde nicht mag oder akzeptiert. Langjährige Freunde können sich auch so fühlen, als würden sie mit deinem Partner konkurrieren. Es könnte bedeuten, dass dein Partner will, dass du deinen besten Freund loswirst, oder dass dein Freund dich aus der Beziehung haben will, weil er sich bedroht fühlt. Das bringt Drama in deine Beziehung.

Das „Gleiche Seite" Werkzeug ist ein Weg, um die Probleme deiner Freunde mit deinem Partner ans Licht zu bringen und deinen Partner dazu zu bringen, sich deinen Freunden gegenüber zu öffnen. Dein Partner sollte schließlich dein bester Freund sein. Sobald du die wahren Probleme verstanden hast, ist es deine Aufgabe, diese Probleme zu beseitigen.

AKTIONSPUNKT
KOMMUNIZIERT
WIE FREUNDE DAZU PASSEN

Es ist an der Zeit, Freundschaften neu zu definieren. Beide Parteien sollten sich darüber im Klaren sein und anerkennen, wie Freunde in die Partnerschaft passen, wie viel Zeit mit Freunden verbracht werden sollte und wie involviert man sein sollte. Es ist auch wichtig, zu kommunizieren, wie wichtig die Freundschaft und der Freund ist. Wenn es ein Freund ist, den du willst und brauchst, können du und dein Partner nach einem Kompromiss suchen und sich mit den Regeln auf die gleiche Seite stellen.

Sich auf die gleiche Seite zu stellen, bedeutet auch Kommunikation, wenn du das Gefühl hast, dass dein Partner eine Grenze überschritten hat und mit einem deiner Freunde zu weit gegangen ist. Sag nichts, bis ihr beide alleine seid. Besprecht in Ruhe, warum es passiert ist und einigt euch darauf, wie ihr sicherstellt, dass es nie wieder passiert.

Das Aufstellen von Regeln mit Freunden ist ein wichtiger Teil des Gleiche Seite Werkzeugs. Regeln aufzustellen ist wichtig, wenn dein Partner denkt, dass deine Freunde viel zu oft da sind, oder dein Partner denkt, dass du zu viel trinkst, wenn du in ihrer Nähe bist, oder du immer zu spät nach Hause kommst, wenn du mit deinen Freunden unterwegs bist, oder du scheinst immer viel Geld auszugeben, oder deine Persönlichkeit verändert sich zum Schlechten.

Das Aufstellen von Regeln ist notwendig, wenn deine Freunde das Gefühl haben, dass sie einfach jederzeit vorbeikommen können oder dass ihre Meinung zählt, wenn es um deinen Partner geht. Wenn Freunde eine Grenze überschreiten, sind sie dann wirklich Freunde, mit denen du dich verbinden musst? Verstehe, dass es deine Aufgabe ist und nicht die deines Partners, deine Freunde in Schach zu halten. Mit anderen Worten, du musst der Bösewicht werden, nicht dein Partner.

Wenn deine Freunde deinen Partner beleidigen oder keinen Respekt vor ihm haben, muss das unterbunden werden. Verstehe, dass Freunde wirklich kein Mitspracherecht in deiner Beziehung haben. Es ist nicht ihre Aufgabe, zu kommentieren oder zu urteilen. Es gibt nur eine Lösung. Du musst zu deinem Partner stehen und die Freunde wissen lassen, dass so etwas nicht mehr vorkommen darf, oder die Freundschaft ist vorbei. Wenn sie deinen Partner nicht respektieren, respektieren sie auch dich nicht.

Wenn du in deinem Arbeits- und Lebensplan überlastet bist und dein Partner wenig Zeit mit dir hatte, wie kannst du dann erwarten, dass sie wünschen, dass du Zeit mit Freunden verbringst, wenn sie vernachlässigt wurden? Es ist in Ordnung, dein wöchentliches Bowling abzusagen, wenn du schon überlastet bist. Echte Freunde werden das verstehen. Denke daran, dass Freunde ein bestimmtes Zeitkontingent haben. Just be fair and remember Partner First.

126

Gewohnheiten managen

**Gewohnheiten sind wie ein bequemes Bett -
es ist leicht, hineinzukommen, aber schwer, wieder herauszukommen.**

Lass uns zwei Arten von schlechten Gewohnheiten definieren: Handlung und Einstellung. Jeder hat schlechte Angewohnheiten, und Partner müssen eine Menge davon ertragen. Es sind die überlasteten Tage, an denen schlechte Gewohnheiten deinen Partner wirklich aus der Fassung bringen können.

Schlechte Handlungs-Angewohnheiten sind Angewohnheiten, die wir alle kennen und deren wir uns schon einmal schuldig gemacht haben. Du kennst sie: mangelhafte Körperpflege und Hygiene, mit offenem Mund essen oder gedankenloses Verhalten wie Geschirr in der Spüle stapeln oder die Sachen deines Partners umräumen, ohne es ihnen zu sagen oder Jungs, die den Toilettensitz oben lassen. Deinen Partner in einem Gespräch zu unterbrechen oder "nein" zu den Dingen zu sagen, die dein Partner sich wünscht, können ebenfalls schlechte Angewohnheiten sein. Dies sind nur ein paar Dinge, die den Kopf deines Partners zum Explodieren bringen können.

Eine andere Art von schlechter Angewohnheit ist es, lange zu telefonieren oder noch schlimmer, zu essen, während man telefoniert, süchtig nach sozialen Medien zu sein, zu viel fernzusehen oder Videospiele zu spielen, wenn dein Partner deine Aufmerksamkeit braucht.

Schlechte Angewohnheiten sind z.B. sich nicht an Hausarbeiten zu beteiligen, Ausreden zu finden, warum der Sex weniger oder gar nicht vorhanden ist, oder zu denken, dass man immer Recht hat. Es sind die kleinen Dinge, wie die Stimme oder Meinung deines Partners zu ignorieren oder während des Frühstücks oder Abendessens zu schweigen, anstatt sich mit deinem Partner zu beschäftigen. Mit der Zeit können sich diese kleinen alltäglichen Irritationen summieren und zu einem großen Problem werden.

Wann hast du angefangen zu glauben, dass diese schlechten Angewohnheiten okay sind? Verstehe die menschliche Natur: Wenn das, was du tust, deinen Partner am Anfang gestört hat, verspreche ich dir, dass es ihn auch jetzt noch stört; du hörst vielleicht nur nicht mehr davon. Wenn schlechte Angewohnheiten außer Kontrolle geraten sind, ist es okay, sie zuzugeben und zu sagen: "Du hast recht, ich liege falsch."

FRAGEN FÜR DICH UND DEINEN PART-NER:

Haben wir Probleme mit der Hygiene? Machen wir uns das Leben gegenseitig unangenehm mit schlechtem Atem, Haaren an den falschen Stellen, unregelmäßigem Baden, unangenehmen Gerüchen oder schmutziger Kleidung?

Sind wir rücksichtsvoll zueinander? Gibt es Dinge, die wir tun oder nicht tun, die leicht anzusprechen wären? Beispiele: den Toilettensitz oben lassen, die Zahnpastakappe abnehmen, etwas benutzen und es nicht ersetzen, wenn es ausgeht, einander unterbrechen, Kram im Haus hinterlassen.

Gibt es eine Angewohnheit, um die du mich gebeten hast, die ich aber noch nicht angegangen bin? Beispiele: sich zu sehr beschweren, negativ sein, sich nicht an der Hausarbeit beteiligen, zu viel über die Arbeit reden, denken, dass meine Arbeit wichtiger ist als deine Arbeit, Treffen mit Freunden oder Familie auslassen.

Haben wir schlechte Verhaltensgewohnheiten, die wir ändern müssen? Beispiele: Aufschieben, zu oft zu spät kommen, nicht aufpassen, wenn du mich bittest, eine Gewohnheit zu ändern.

Haben wir versucht, die schlechten Angewohnheiten zu ändern, die uns nerven? Wenn wir es nicht geschafft haben, uns zu ändern, wie können wir es besser machen?

Hast du an einer schlechten Angewohnheit festgehalten, die mich nervt, weil sie für dich kein Problem ist?

Wenn du mich bittest, etwas nicht mehr zu tun, kann ich dann aufhören?

EIN WERKZEUG FÜR DAS GEWOHNHEIT-EN-MANAGEMENT: KOMM SCHON

Beginne damit, eine Liste mit den schlechten Gewohnheiten zu erstellen, die du ändern möchtest. Die Realität ist, wenn du etwas tust, das deinen Partner stört, warum solltest du nicht versuchen, es besser zu machen? Schlechte Angewohnheiten zu ändern ist mühsam, und es kann sich sogar schwer anfühlen, aber es ist nicht unmöglich. Das „Komm Schon" Werkzeug sagt: "Du bist schlau. Finde es heraus. Du weißt, was deinen Partner stört. Jetzt gib dir Mühe, es zu ändern."

AKTIONSPUNKT
GEHE KOMPROMISSE EIN
LASS EINFACH LOS. NUTZE DIE 21-TAGE-REGEL UND FANGE AN, SCHLECHTE ANGEWOHNHEITEN ZU ELIMINIEREN, DIE DEINEN PARTNER VERRÜCKT MACHEN.

Lass uns die 21-Tage-Regel nutzen, um deine schlechten Angewohnheiten zu eliminieren. Es ist die alte Regel, die besagt, dass wenn du ein neues Verhalten 21 Tage lang anwendest, es zur Norm wird. Schreibe dir Erinnerungen auf. Klebe Aufkleber auf einen Spiegel oder eine Notiz im Kalender, um dich daran zu erinnern, in Schach zu bleiben. Überlege dir praktische Möglichkeiten, um der Versuchung aus dem Weg zu gehen. Wenn du zu viel Zeit am Telefon verbringst, lege es beim Abendessen in eine Schublade - aus den Augen, aus dem Sinn. Denke 21 Tage lang jeden Tag über deine Fortschritte nach und passe an, was noch nicht funktioniert. Nach 21 Tagen der Anstrengung sollte es zur Normalität werden, wenn du der Übung treu bleibst.

Verstehe, dass wenn du beschäftigt oder müde bist, sich deine schlechten Gewohnheiten wieder einschleichen werden. When this happens, put them in check and reset. Das Ziel ist es, so viele schlechte Gewohnheiten wie möglich zu eliminieren. Wisse, dass sie mit konsequenter Konzentration mit der Zeit einfach verschwinden werden.

Das Belohnungssystem ist eine hervorragende Unterstützung, um schlechte Gewohnheiten zu eliminieren. Das einfachste Belohnungssystem ist eines, auf das sich dein Partner einlässt. Dein Partner kann dich auf viele Arten belohnen, wie z.B. ein ganzes Wochenende mit Kumpels Golf spielen oder stundenlange Videospiele oder ein Ausflug mit Freunden. Belohnungen müssen besprochen, vereinbart und honoriert werden.

Gewohnheiten, die auf einer Einstellung beruhen, wie z.B. Aufschieben, immer zu spät kommen, sich bei Hausaktivitäten oder Familienveranstaltungen abmelden, sind unfair gegenüber deinem Partner. Du kannst das Same Page Werkzeug hier benutzen. Versuche zu verstehen, warum du tust, was du tust. Ist es rein egoistisch und du hast keine Zeit, dich zu bemühen? Das ist einfach nicht fair und wird eine unausgewogene Partnerschaft schaffen. Wie kannst du einen glücklichen Partner haben, der dich respektiert, wenn du dich nicht darum kümmerst, wie er sich fühlt? Du wirst einen stillen Partner mit aufgestauter Verbitterung, Frustration und Stress schaffen.

Letztendlich möchtest du deine schlechten Gewohnheiten durch gute ersetzen. Du hast eine Liste mit schlechten Gewohnheiten gemacht, die du ändern möchtest. Jetzt lass uns eine Liste mit guten Gewohnheiten machen, die du dir stattdessen aneignen möchtest. Lass deinen Partner von den guten Gewohnheiten wissen, die du umsetzen möchtest, wie z.B. mehr zu reden oder Pläne öfter gemeinsam zu besprechen oder den Toilettensitz herunterzuklappen. Wenn du tust, was du sagst, dass du es tun würdest, lässt dein Partner dich das wissen, damit du bewusst darauf achten kannst (und zeigt dir, dass er aufpasst). Mit der Zeit wirst du feststellen, dass deine schlechtesten Gewohnheiten von den positiven Absichten in deinen guten Gewohnheiten verdrängt werden.

HOBBYS UND SPORT

Hobbys und Sport ins Gleichgewicht bringen:

Wir unterbrechen diese Partnerschaft
um Ihnen die Fußball-Saison zu präsentieren.

Hobbys und Sport sind ein toller mentaler Ausgleich und ein notwendiger Teil des Lebens. Aber Hobbys und Sport können dich zu oft weg sein lassen, wenn du dich zu sehr reinhängst. Diese Aktivitäten können außer Kontrolle geraten, und das ist unfair deinem Partner gegenüber. Wenn du zu viel Zeit mit diesen Aktivitäten verbringst und nicht genug Zeit mit deinem Partner, könnte er das Gefühl haben, dass sie in Konkurrenz zu einem anderen Teil deines Lebens stehen. Wer möchte dieses Spiel spielen? Keiner.

Also, wenn es um Hobbys und Sport geht, findest du ein Gleichgewicht? Wenn du jeden Moment deiner Freizeit damit verbringst, über deinen Sport oder deine Hobbys nachzudenken, ist das unausgewogen. Noch schlimmer ist es, wenn du dir alles über die Statistiken, Gehälter und Daten der Spieler merken kannst, aber deinen Jahrestag oder die Geburtsdaten deiner Kinder oder, noch schlimmer, deines Partners vergisst. Das ist definitiv verkorkst und passiert öfter als du denkst.

Wenn sich deine Stimmung nach dem Endergebnis richtet, dann kann es sein, dass der Sport deine Partnerschaft ruiniert, vor allem, wenn du einem Spiel gegenüber emotionaler bist als gegenüber deinem Partner. Ganz ehrlich.

Also, wer macht all die Einkäufe, kümmert sich um die Familie und macht die Wäsche, während du dir deinen nächsten kritischen Fantasy Football Spielzug überlegst? Oh, dein Partner! Echt jetzt? Wo ist das Gleichgewicht und der Kompromiss in dieser Partnerschaft?

Hobbys und Sport überschreiten Grenzen. Wenn das passiert, ist es OK, es sich einzugestehen und zu sagen: "Du hast recht, ich liege falsch."

FRAGEN FÜR DICH UND DEINEN PART- NER:

Haben wir ein Gleichgewicht zwischen unserer Beziehung und unserer Aufmerksamkeit für Hobbys oder Sport?

Vernachlässigen wir uns manchmal gegenseitig, weil die Hobbys oder der Sport zu viel Zeit oder Energie in Anspruch nehmen?

Vernachlässigen wir jemals die Hausarbeit wegen der Hobbys oder des Sports?

Lassen wir uns gegenseitig auf eine gesunde Art und Weise bei unseren Hobbys und Sportarten entspannen?

Lügen wir uns manchmal gegenseitig an, wie viel Zeit wir für Hobbys und Sport aufwenden?

Verbringen wir mehr freie Zeit mit Hobbys und Sport, als der andere davon weiß?

Benutzen wir Hobbys oder Sport, um uns von der Partnerschaft zu trennen oder zu entkommen?

Zwingen wir uns manchmal gegenseitig, Sport- oder Hobbyveranstaltungen abzusagen? Werden wir dadurch wütend auf den anderen?

Freuen wir uns mehr auf unsere Hobbys oder den Sport als auf die Zeit, die wir miteinander verbringen?

Lassen wir unsere sportlichen Interessen unsere Stimmung diktieren? Sind wir glücklich, wenn unsere Teams gewinnen, aber deprimiert, wenn sie verlieren?

Verbringen wir unsere Wochenenden damit, Sport zu schauen, anstatt Zeit miteinander zu verbringen?
Lassen wir manchmal familiäre Verpflichtungen zugunsten eines Sportereignisses ausfallen?

EIN WERKZEUG UM HOBBYS UND SPORT INS GLEICHGEWICHT ZU BRINGEN: WIRKLICH

Das Wirklich Werkzeug ist genau das. Wenn du wirklich das Spiel sehen musst, dann musst du wirklich zuerst deinen Verpflichtungen nachkommen. Wenn du wirklich zwei Runden Golf an einem Samstagmorgen spielen musst, dann erledige mindestens einen Punkt auf der "Honey-do"-Liste und bitte dann deinen Partner um den Freipass. Steh extra früh auf und erledige die Aufgabe, und die Freiheit wird dir gehören. Beim „Wirklich" Werkzeug dreht sich alles um Multitasking, Zeitmanagement und Belohnung; es ist ein Geben und Nehmen.

In der Lage zu sein, Prioritäten zu setzen und einen Kompromiss mit deinem Partner zu finden, ist eine entscheidende Komponente einer erfolgreichen Partnerschaft. Wenn du dein Hobby und deinen Sport als einen wichtigen Teil deines Lebens ansiehst, ist es entscheidend, dass die Bedürfnisse deines Partners zuerst erfüllt werden. Wenn die Probleme auf der Honey-Do-Liste gegenüber einem Spiel in den Hintergrund rücken, dann tritt das „wirklich" Werkzeug ein.

Ein guter Weg, um anzufangen, ist, deinen Partner zu fragen, was wichtig ist. Wenn du diese Liste mit deinem Partner zusammenstellst, frage erneut, ob es noch etwas anderes gibt. Sie werden sich beim zweiten Mal, wenn du fragst, an all diese kleinen Dinge erinnern. Das Ziel ist es, alle Gedanken deines Partners darüber zu bekommen, was getan werden muss.

Zeitmanagement und Vorausplanung sind hier deine Freunde. Organisiere und plane alle Aufgaben deines Partners und denke dabei an alle Werkzeuge und Materialien, die du brauchst, um das Projekt zu beenden. Wenn du in den Baumarkt gehst, bekommst du alles, was du brauchst und sparst Zeit.

AKTIONSPUNKT
STELLE DIE FRAGE
KANNST DU ES DIR ERLAUBEN, NUR EINE NACHT LANG FÜR EIN PAAR STUNDEN AN DER HONEY-DO-LISTE ZU ARBEITEN.

Am wichtigsten ist es, die Projekte zu beenden, die du anfängst. Es ist in Ordnung, wenn du Multitasking willst und ein paar Projekte gleichzeitig beginnst, weil es Sinn ergiebt, aber sie müssen alle abgeschlossen werden, bevor du eine neue Aufgabe hinzufügst. Wenn du fertig bist, bitte deinen Partner, deine Arbeit zu überprüfen und seinen Input dazu zu bekommen. Das baut Vertrauen auf und lässt deinen Partner sich verbunden fühlen. Seltsamerweise stärkt es auch eure Liebe. Unterschätze nicht die Wirkung auf deinen Partner, wenn du den alten Türknauf wechselst oder die Garagenwand streichst. Meiner Erfahrung nach treibt es die Energie an, die Liste zu vervollständigen, wenn du die einfachsten Dinge zuerst erledigst.

Hier ist ein weiterer Teil des „Wirklich" Werkzeugs. Für jede zwei Stunden, die du mit der Honey-do-Liste verbringst, bitte um eine Stunde Spielzeit. Das „Wirklich" Werkzeug ist Zeitmanagement. Sieh es auch als eine Belohnung an.

Sagen wir, es sind 40 Punkte auf der Liste. Ich mache folgendes. Ich schreibe die Liste auf und erledige zehn einfache Punkte, die jeweils weniger als 30 Minuten in Anspruch nehmen. Dann schreibe ich für das Wochenende einen Zeitplan für jeden Punkt auf. Sagen wir, du fängst um 8 Uhr morgens an und schreibst zu jedem Punkt die Zeit, in der du erwartest, ihn zu erledigen. Wenn du zu der Zeit kommst, die du dir vorgenommen hast, und du bist spät dran, gib nicht auf. Beende alle zehn Punkte. Versuche bei den nächsten zehn Punkten deine Zeitplanung zu verbessern, bis du sie beherrschst.

Jedes Mal, wenn du die zehn Punkte erledigt hast, lass sie von deinem Partner überprüfen. Sie werden Probleme finden, aber das ist in Ordnung. Manchmal, wenn du einfach einen Schritt zurücktrittst, wirst du erkennen, dass sie Recht haben. Diskutiere nicht. Mach es einfach nochmal, denn wenn es nicht richtig gemacht wird, zählt es nicht als erledigt.

Wenn du mit den ganzen 40 Punkten fertig bist, kann es einen Monat dauern, aber ich verspreche dir, dass du einen Unterschied in der Einstellung deines Partners sehen wirst, dir Spielzeit zu geben.

Also, lass uns loslegen und lass mich dir helfen, ein Meister deines Bereichs zu werden. Am Ende wirst du dir Liebe, Freundschaft, Vertrauen und - was am wichtigsten ist - eine echte Partnerschaft mit deinem Partner verdient haben.

Gleichgewicht in der Arbeit

**Du solltest dein Glück nicht allein in der Arbeit suchen.
Denn Arbeit ohne einen Partner ist Einsamkeit.**

Bist du ein Workaholic, oder hast du ein Gleichgewicht zwischen Arbeit und Leben? Wenn du ein Workaholic bist, der 80 Stunden pro Woche im Büro verbringt oder du nach Hause kommst und dich über deinen Chef oder nervige Kollegen beschweren möchtest, musst du wissen, dass berufliche Entscheidungen oft deine Partnerschaft beeinträchtigen und sie sogar ruinieren. Es ist ganz natürlich, dass du nach Hause kommst und dich über die Arbeit auslässt, was bedeutet, dass du sowohl über die guten als auch über die schlechten Dinge redest. Es sind die ständigen Beschwerden über das Schlechte, die deinen Partner mit der Zeit auslaugen können.

Glaubst du, dass es akzeptabel ist, die Prioritäten der Arbeit über die deiner Beziehung zu stellen? Wenn du dich dabei ertappst, dass du Aktivitäten ausschließt, die du normalerweise mit deinem Partner unternehmen würdest, wie z.B. ins Kino zu gehen, Freunde zu besuchen oder einfach nur die Zeit zusammen zu genießen, könntest du die Beziehung übermäßig unter Druck setzen.

Wenn du später im Büro bleibst, häufiger am Wochenende ins Büro gehst oder mehr und mehr Arbeit mit nach Hause bringst, ist die Wahrscheinlichkeit groß, dass deine Beziehung belastet wird. Wenn du Schwierigkeiten hast, Arbeit und Privatleben voneinander zu trennen, wirst du wahrscheinlich in Diskussionen über Menschen und Projekte verwickelt, ohne es überhaupt zu merken. Wenn du buchstäblich nichts anderes mit deinem Partner zu besprechen hast als die Arbeit, gibt es ein Problem.

Wenn dein Partner dir deine Arbeit verbittert und wünscht, dass du aufhörst, könnte sich das in anderen Bereichen manifestieren und dein Partner könnte weniger geduldig oder reizbarer werden. Wenn du Stress von der Arbeit mit nach Hause bringst, kann es sein, dass du ihn an deinem Partner in anderen Bereichen auslässt. Wenn du dich plötzlich mit deinem Partner über Dinge streitest, über die ihr euch vorher nie gestritten habt, ist das wahrscheinlich kein Zufall.

Die Arbeit wird Grenzen überschreiten. Wenn du das zulässt, ist es OK, es zuzugeben und zu sagen: "Du hast recht, ich liege falsch."

FRAGEN FÜR DICH UND DEINEN PARTNER:

Ist es für uns in Ordnung, wie viel Zeit und Aufmerksamkeit wir auf unsere Arbeit verwenden?

Vernachlässigen wir jemals Hausarbeiten oder Verantwortlichkeiten wegen unserer Arbeit außerhalb des Hauses?

Kontrolliert die Arbeit unsere Beziehung oder übt sie zu viel Druck auf uns aus?

Haben wir ein Gleichgewicht, wenn es um Arbeit und Familie geht?

Setzen wir faire Grenzen, wenn wir Arbeit mit nach Hause bringen müssen?

Reden wir zu viel über unsere Arbeit, wenn wir zusammen zu Hause sind?

Nehmen wir uns manchmal gegenseitig übel, dass wir am Wochenende oder zu spät am Abend arbeiten?

Machen wir uns Stress wegen der Arbeit, wenn wir nicht arbeiten? Stiehlt dieser Stress Zeit und Energie aus unserer Partnerschaft?

Sind wir manchmal besessen von unserer Arbeit, wenn wir uns miteinander amüsieren sollten oder wenn wir mit der Familie oder Freunden unterwegs sind?

Streichen wir jemals persönliche Prioritäten wegen der Arbeit?

Verstecken wir uns manchmal bei der Arbeit, anstatt nach Hause zu kommen?

Bleiben wir bei der Arbeit so beschäftigt, dass wir wenig Zeit für die Familie oder einander haben?

EIN WERKZEUG UM DIE ARBEIT INS GLE-ICHGEWICHT ZU BRINGEN: HALTE DEIN WORT

Arbeit steht einem ausgeglichenen Leben im Weg, denn in vielen Fällen gibt dir ein Job oder eine Karriere das Gefühl, gebraucht zu werden. Sie kann das Gefühl geben, einen Zweck zu erfüllen und etwas zu erreichen, was das Ego füttert. Der Antrieb und die Fähigkeit, die es braucht, um die Drachen zu erschlagen, kann ein ziemlicher Rausch sein. Es ist leicht, sich von dem Schwung mitreißen zu lassen. Das ist, wenn du sagst, dass du in einer Stunde zu Hause sein wirst und es tatsächlich drei Stunden später durch die Tür schaffst.

Das "Halte dein Wort" Werkzeug kann dir helfen, das Gleichgewicht in der Partnerschaft zu halten. Es spiegelt deine Integrität wider, du bist engagiert und vertrauenswürdig und zeigst jeden Tag, dass du jemand bist, auf den dein Partner zählen kann. Es geht darum, realistische Erwartungen an deinen Partner zu stellen und diese dann auch zu erfüllen.

**AKTIONSPUNKT
TRIFF DIE RICHTIGEN ENTSCHEIDUNGEN
ARBEITE DIE GANZE WOCHE DARAN, WANN DU SAGST, DASS DU EINE AKTIVITÄT MACHEN WIRST ODER ZU EINER BESTIM-MTEN ZEIT ZU HAUSE SEIN WIRST. TU ES EINFACH.**

Beginne mit der Sache, die so einfach scheint und doch so schwer ist: Halte dein Wort, wann du zu Hause sein wirst. Es ist so einfach. Stell dir jeden Abend als Super Bowl Nacht vor, und du musst um 18 Uhr zu Hause sein, damit du nichts verpasst. Ich verspreche dir, dass du vor lauter Vorfreude um 17:30 Uhr zu Hause sein wirst.

Wenn du zu der Sorte Mensch gehörst, die den Überblick über die Zeit verliert, stelle den Alarm auf deinem Arbeitskalender, Smartphone oder deiner Uhr ein. Wenn du immer noch damit kämpfst, bitte deinen Partner, dich anzurufen, um dich auf dem richtigen Weg zu halten. Das Wichtigste ist hier, dass du dein Wort hältst.

Wenn du zu Hause bist, schalte dein Telefon aus. Wenn Leute von der Arbeit keine Grenzen kennen, sag ihnen, dass sie nach bestimmten Zeiten nicht mehr anrufen sollen, es sei denn, es handelt sich um einen Notfall. Wenn du Arbeit zu erledigen hast und dein Partner möchte Zeit mit dir verbringen, wache am nächsten Morgen früh auf und beende die Arbeit.

Es liegt an dir, dein Arbeitspensum im Gleichgewicht zu halten. Manche Geschäfte sind zyklisch. Ein Job kann Krisenzeiten haben, die eure Partnerschaft für eine gewisse Zeit beeinträchtigen können. Wenn sich das nach deinem Job anhört, ist es das Beste, wenn du mit deinem Partner darüber sprichst. Wenn die Krise vorbei ist, bring die Dinge wieder ins Lot. Stelle sicher, dass ihr euch über eure gemeinsamen lang- und kurzfristigen Ziele einig seid. Wenn sich deine Pläne ändern, teile sie mit. Aber bei jeder Wendung, egal in welcher Situation, halte dein Wort.

Wort halten bedeutet, dass du die verlorene Zeit mit deinem Partner auf eine andere Art und Weise nachholst, indem du vielleicht früher zur Arbeit gehst oder eine Nacht länger bleibst, es sei denn, du hast Zeitmanagement-Probleme auf der Arbeit, die ebenfalls angesprochen werden müssen.

Wenn du dir angewöhnst, das "Halte dein Wort" Werkzeug anzuwenden, zwingt dich das dazu, deine Denkweise von der Arbeit weg auf den Aufbau einer positiveren Beziehung zu verlagern. Denke daran, dass dein Partner dich auch braucht. Es könnte dir sogar Wege zeigen, wie du die Arbeit auf eine Art und Weise angehen kannst, die weniger stressig und produktiver sein wird. Nur mal so nebenbei.

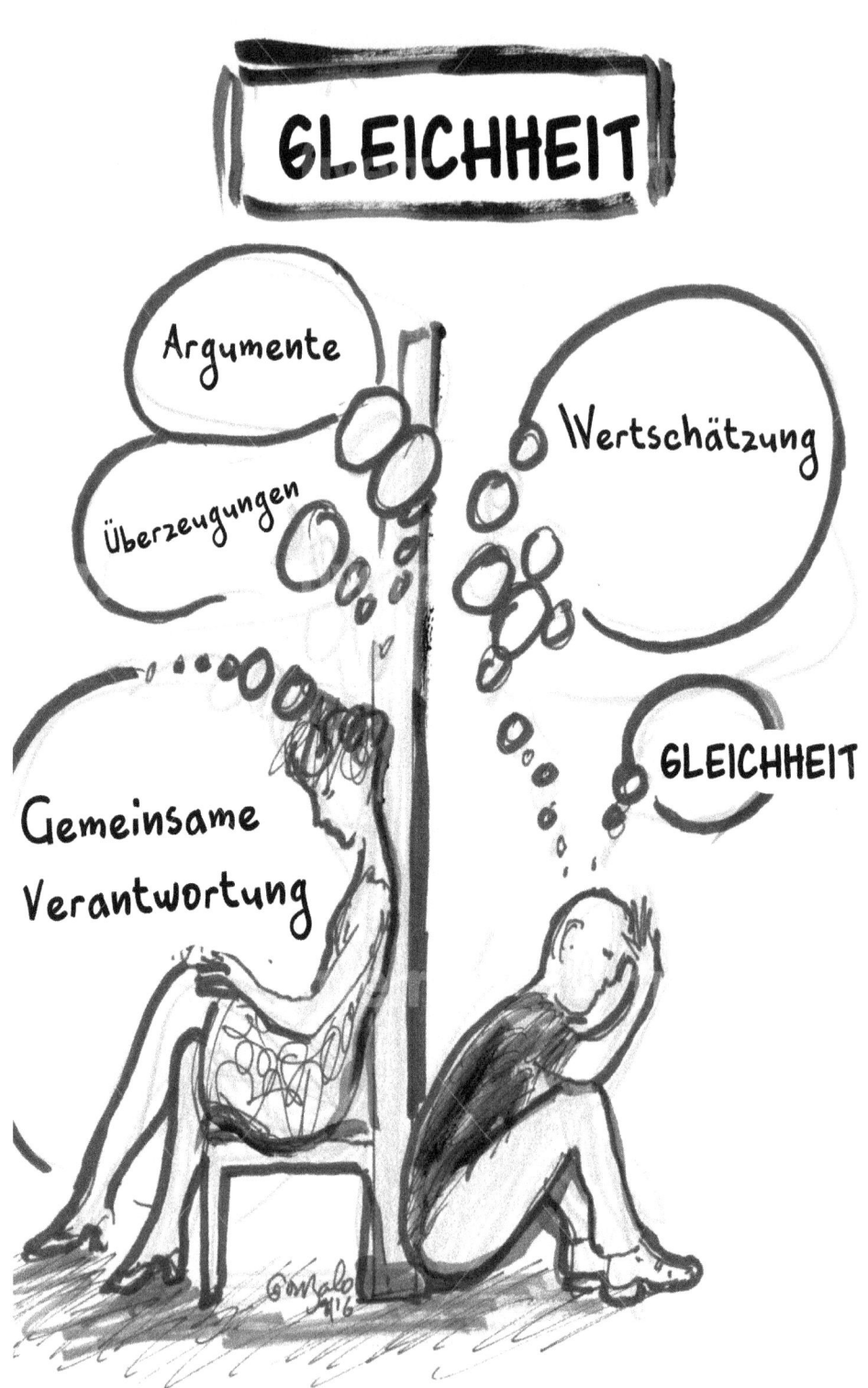

Kapitel 8:
Tägliche Werkzeuge für
Gleichheit in der Beziehung

STREIT

Es tut mir
Leid-Werkzeug

Manchmal
möchte dein
Partner einfach
nur ein
Entschuldigung hören

ob du recht hattest oder eben nicht

Entschuldige dich einfach

Auseinandersetzungen reduzieren:

Würdest du lieber Recht haben oder lieber glücklich sein?

Was wäre, wenn du in dieser Woche die Meinung deines Partners über alles Wichtige erfragen würdest und zuhören und ihre Meinung nutzen würdest, wenn du kannst? Was wäre, wenn du diese Woche jeden Abend aufhörst und deinen Partner einfach reden lässt, ohne Unterbrechungen oder Urteile? Was wäre, wenn du einen Ja-Tag machst und zu allem, was dein Partner wünscht, "Ja" sagst? Wenn dein Partner dazu neigt, deine Gefühle abzuwerten, wenn du verärgert bist oder wenn ihr euch streitet, ist das verletzend. Nicht nur das, es ist auch nicht gerade förderlich für eine gesunde, konstruktive Beziehung auf lange Sicht.

In Beziehungen sind Streitereien und gelegentlich hitzige Debatten normal. Wenn diese Streitereien in ausgewachsene Argumente übergehen, können sie schnell außer Kontrolle geraten. Es gibt einen großen Unterschied zwischen etwas durchgehen lassen und regelrecht bösartig sein. Es ist ungesund, wenn ihr euch im Eifer des Gefechts gegenseitig die Schuld gebt oder euch gegenseitig runtermacht.

Streitet ihr euch, weil dein Partner nicht seinen gerechten Anteil an Arbeit leistet? Hausarbeiten und tägliche Aktivitäten müssen angesprochen und erledigt werden. Es gibt keine Entschuldigung dafür, diese Probleme an deinem Partner auszulassen.

Streitet ihr euch ständig über finanzielle Fragen? Vielleicht ist ein Partner ein Verschwender und der andere ist eher sparsam. Noch schlimmer ist es, wenn euer Geld knapp ist. Geldangelegenheiten werden häufig als Hauptgrund für eine Trennung genannt. Sich über Geld zu streiten bedeutet, dass du mit deinem Partner nicht auf derselben Seite stehst.

Probleme mit Freunden und Familie verursachen mehr Streit, als du für möglich hältst. Dieser Bereich überschneidet sich mit so vielen emotionalen Elementen, und er wirkt sich auf jeden Menschen anders aus. Wenn also ein Partner Freunde oder Familie nicht mag oder denkt, dass sie sich zu sehr in dein Leben einmischen, ist das ein Problem.

Es kann eine lange Zeit dauern, Eifersuchtsprobleme zu überwinden. Sich über diese Themen zu streiten, kann zu großen Problemen führen und kann Grenzen überschreiten. Wenn das passiert, ist es OK, es sich einzugestehen und zu sagen: "Du hast recht, ich liege falsch."

FRAGEN FÜR DICH UND DEINEN PARTNER:

Streiten wir viel zu viel?

Dominiert normalerweise einer von uns den Streit?

Streiten wir uns normalerweise, nachdem einer von uns eine Entscheidung getroffen hat?

Fühlen wir uns vor oder nach einem Streit weniger verbunden, als wir es gerne hätten?

Streiten wir uns über dumme Themen?

Streiten wir uns, weil einer von uns nicht so oft zu Hause ist, wie der andere es gerne hätte?

Streiten wir uns, weil einer von uns weniger mit anpackt als der andere?

Streiten wir, weil wir zu viel Geld ausgeben oder für Dinge, auf die wir uns nicht geeinigt haben?

Streiten wir darüber, dass wir zu wenig Romantik in der Beziehung haben?

Streiten wir uns über die Erfüllung unserer Bedürfnisse?

Streiten wir uns über die schlechten Angewohnheiten des anderen?

Streiten wir über Probleme mit der Familie oder Freunden?

Streiten wir darüber, wie viel Zeit wir in unserem Job verbringen?

EIN WERKZEUG UM AUSEINANDERSETZU-NGEN ZU REDUZIEREN: ES TUT MIR LEID

"Es tut mir Leid" zu sagen, hilft ungemein, die Entfremdung und den Schmerz zu überwinden, die mit einem Streit einhergehen. Der Schlüssel dazu ist, dass du dich daran erinnerst, dass du dich nicht dafür entschuldigst, im Unrecht zu sein. Du entschuldigst dich dafür, dass ihr nicht auf der gleichen Seite seit.

Kennst du etwas Wichtigeres, als zu einem Partner nach Hause kommen zu können, der dich dort haben möchte? Rate mal - wenn du zu viel streitest, will dich dein Partner vielleicht gar nicht so sehr um sich haben, wie du denkst. Also stelle dir diese Frage: Streite ich zu viel?

Scheinst du alle Antworten zu haben und zu glauben, dass du immer Recht hast? Wenn ja, verstehe, dass das bedeutet, dass du auch denkst, dass dein Partner immer im Unrecht ist. Alles was das tut, ist deinem Partner einen Grund zu geben, sich zu trennen. Versuche zurück zu denken, wo du dachtest, du hättest Recht, nur um herauszufinden, dass die Entscheidung deines Partners besser war. Ich habe mir die Fähigkeit angeeignet, innezuhalten und durchzuatmen, bevor ich auf meinem Weg bestehe. In so vielen Fällen war die Entscheidung meines Partners die richtige.

AKTIONSPUNKT
STELLE DIE FRAGE
MUSST DU WIRKLICH RECHT HABEN? WIRKLICH?

Es ist eine Fähigkeit, zu verstehen, dass es mehr als einen Weg geben kann, eine schwierige Aufgabe anzugehen. Im Zweifelsfall erinnere ich mich daran, zu fragen: Möchtest du lieber Recht haben oder lieber glücklich sein? Denke daran, "Es tut mir Leid" zu sagen, wenn du zu weit gehst. Das ist ein einfaches Werkzeug und kann Wunder wirken.

Auf Ärger mit Wut zu reagieren, lässt die Spannung eskalieren und macht es schwierig, ein Problem zu lösen. Es macht die Situation nur noch schlimmer. Also, blase ein Gespräch nicht durch Streit auf. Wenn es das nächste Mal hitzig wird, lass deinen Partner wissen, dass du Zeit brauchst, um dich zu beruhigen und ein rationales Gespräch fortzusetzen. Es geht darum zu lernen, die Kontrolle zu behalten.

Noch schlimmer ist es, wenn du dich mit deinem Partner in der Öffentlichkeit streitest. Es kann für jede Person demütigend sein und ist einfach falsch. Erhebe niemals deine Stimme gegenüber deinem Partner in der Öffentlichkeit. Vereinbare, dass du alles Negative unter vier Augen klärst. Sprich das mit deinem Partner aus und halte dich daran. Du möchtest vielleicht vereinbaren, Augenkontakt oder Körpersprache zu nutzen, um zu signalisieren, dass es ein Problem gibt. Das hält die Dinge im Zaum und ermöglicht später eine Diskussion unter vier Augen.

Verstehe, dass du dir deine Schlachten aussuchen musst, wenn es zum Streiten kommt. Erfolgreiche Partnerschaften gehen von der Perspektive aus, dass es ein Geben und Nehmen bei wichtigen Themen geben sollte.

Mitten in einem Streit kann es leicht sein, wieder in das gleiche Argument zu verfallen. Dinge wie "du ... immer..." oder "nie" zu sagen, lassen einen Streit nur eskalieren. Tritt einen Schritt zurück und betrachte den Streit aus der Sicht deines Partners. Wenn dein Partner eine Sache sehr stark empfindet und ihr wirklich in beide Richtungen gehen könnt, aber dein Stolz dir in die Quere kommt, lass es einfach sein und gib nach. Du wirst besser schlafen.

Stolz zu haben kann großartig sein, aber Stolz tötet auch Beziehungen. Er schafft einen Keil zwischen dich und deinen Partner, der die Intimität zerstört, das Vertrauen untergräbt und den Frieden mit deinem Partner verweigert. Ich bin verblüfft, wie unser Gehirn unglaubliche Dinge als real erscheinen lassen kann, bis zu dem Punkt, an dem sie real werden. Wenn ich zum Beispiel meinen Kumpels erzähle, dass ich, wenn ich nach Hause komme, immer versuche, meine Eier metaphorisch in den Schrank zu stellen, sagen sie: "Auf keinen Fall - das passiert nicht." Das bedeutet, dass ich mein Ego auf der Straße lasse, damit es mich nicht daran hindert, mich mit meinem Partner zu verbinden. Ich komme bescheiden nach Hause, respektvoll, liebevoll, fürsorglich und ohne den Drang, ausfallend zu werden und zu streiten oder Recht zu haben, wenn es um meinen Partner geht. Oh, und da es eine Metapher ist, können Cojones auf jedes Geschlecht zutreffen.

Du kennst das Sprichwort, was in Vegas passiert, bleibt in Vegas? Was auch immer dein Partner während eines Kampfes sagt, sollte dort bleiben. Wenn die Worte, die sie während eines Streits gesagt haben, dich am nächsten Tag ärgern, gib dir etwas Luft zum Atmen, anstatt sie so schnell wieder anzusprechen. Einen Streit zu oft zur Sprache zu bringen, kann dazu führen, dass man sich im Kreis dreht, anstatt eine Lösung zu finden. Nähere dich dem Gespräch mit dem Werkzeug "Es tut mir Leid".

152

Überzeugungen überbrücken

**Das beste Gefühl der Welt ist es,
für das, was du bist, begehrt zu werden.**

Beziehungen sind nicht einfach, wenn es um das Überbrücken von Ansichten geht, aber Liebe ist verrückt. Doch selbst zwischen den engagiertesten Partnern kann ein anderer Glaube, eine andere politische Meinung oder eine andere Moralvorstellung deine Beziehung herausfordern.

Wenn wir über Ansichten sprechen, scheint es oberflächlich betrachtet ein kleines Thema zu sein. Aber es ist eines der kritischsten, weil es eine breite Palette von Themen abdeckt. Hast du beim Diskutieren über die Ansichten deines Partners eine Grenze überschritten und deinen Partner beleidigt? Wenn das passiert, werden sie dich wissen lassen, dass du diese Grenze überschritten hast. Was du von hier an tust, ist entscheidend.

Diese politische Welt kann außer Kontrolle geraten. Das Abfeuern von Tweets oder Kommentaren in den sozialen Medien ist eine Sache, aber sobald du die Schwelle in deinem eigenen Zuhause überschreitest, ist das in der Realität ein Problem.

Mit einem Partner zusammen zu sein, dessen religiöse Ansichten sich von deinen unterscheiden, kann stressig und überwältigend werden, wenn du es zulässt. Um eine starke Verbindung aufzubauen, müsst ihr aktiv am Leben des anderen teilnehmen, besonders wenn es um Traditionen geht. Wenn du dich aus diesen grundlegenden Praktiken heraushältst, wird das nicht nur deinen Partner entfremden; es könnte auch einen Keil zwischen dich und deinen Partner treiben.

Die Ansichten deines Partners zu respektieren ist entscheidend. Die einzigen Beziehungen, die Bestand haben, sind diejenigen, die sich weiterentwickeln und Respekt vor den individuellen Zielen und Ansichten jedes Einzelnen gewinnen. Nimm dir die Zeit, einander zu feiern und den Spaß in euren Unterschieden zu finden. Das kann Unterschiede in Entdeckungen verwandeln und den Austausch von Ansichten angenehm machen.

Ansichten werden Grenzen überschreiten. Wenn du das zulässt, ist es OK, es zuzugeben und zu sagen: "Du hast recht, ich liege falsch."

FRAGEN FÜR DICH UND DEINEN PARTNER:

Respektieren wir die Ansichten des jeweils anderen? Respektieren wir uns gegenseitig gleichermaßen?

Denken wir (vielleicht insgeheim), dass einer von uns mehr Recht hat als der andere?

Respektieren wir das Recht des anderen, eine andere Meinung zu haben als der andere, wenn die Ansichten im Mittelpunkt des Themas stehen?

Zwingen wir uns manchmal gegenseitig unsere unterschiedlichen Ansichten auf?

Versuchen wir, eine gemeinsame Basis zu finden, wenn unsere Ansichten sich unterscheiden?

Reden wir über Dinge, wenn unsere unterschiedlichen Ansichten zum Thema werden?

Respektieren wir die religiösen oder spirituellen Ansichten des anderen?

Respektieren wir die politischen Ansichten des anderen?

Respektieren wir den Ansatz des anderen, die Finanzen der Familie zu verwalten?

Unterstützen wir die Ideen und Träume des anderen, die aus unseren Ansichten kommen?

Erlauben wir uns gegenseitig, unsere Ansichten mit Freunden und Familie zu teilen?

EIN WERKZEUG UM ÜBERZEUGUNGEN ZU ÜBERBRÜCKEN: GEGENSEITIGER RESPEKT

Es ist in Ordnung, wenn dein Partner starke Ansichten hat, die sich von deinen völlig unterscheiden. Wenn es um Religion, Politik, Kinder und wie die Welt funktionieren sollte geht, ist es einfacher für eure Partnerschaft, wenn ihr auf der gleichen Seite steht. Wenn das nicht der Fall ist, kann das Druck und Spannung in jede Beziehung bringen, und das Werkzeug des gegenseitigen Respekts muss eingesetzt werden. Erlaube deinem Partner, einen anderen Standpunkt zu haben, ohne Hass oder Gehässigkeit. Kommunikation ist hier der Schlüssel, und das weise Sprichwort: Einverstanden zu sein, nicht einverstanden zu sein.

Da sich die Welt in einem rasanten Tempo verändert, scheinen sich viele Gespräche offline und online um Politik oder Gesundheit zu drehen. Meinungsverschiedenheiten, vor allem in den öffentlichen Foren der sozialen Medien, werden nicht gerne zelebriert. Es könnte eine Zeit kommen, in der die Ansichten deines Partners von anderen angegriffen werden. Wenn das der Fall ist, musst du dich für sie einsetzen, und sie schützen.

AKTIONSPUNKT
GEHE KOMPROMISSE EIN
HÖR AUF ZU URTEILEN. RESPEKTIERE DIE
MEINUNG DEINES PARTNERS.

Wenn ihr über eure Standpunkte oder Meinungen sprecht, versucht nicht, einen Standpunkt zu vertreten, nur weil ihr das müsst oder wollt. Das ist einfach falsch. Dein Partner hat ein Recht auf seine Meinung. Ein Großteil der Welt hat vergessen, dass jeder ein Recht auf seine eigene Meinung hat. Wenn du mit deinem Partner über verschiedene Ansichten sprechen möchtest, dann musst du die Gespräche von einem Ort der echten Neugier und des Respekts für deinen Partner aus gestalten.

Erlaube deinem Partner, seine oder ihre Gedanken und Gefühle offen und ehrlich auszudrücken. Urteile nicht über deinen Partner, mache ihn nicht lächerlich und lehne ihn nicht ab, nur weil er andere Ansichten hat, und - was am wichtigsten ist - vermeide es, mit der Einstellung an deinen Partner heranzutreten, dass du seine Gedanken ändern wirst. Wenn du ein Gespräch mit "Wie kannst du nur denken..." beginnst, wirst du scheitern.

Das größte Problem in einer Partnerschaft ist ein Mangel an Kommunikation. Du musst ein aktiver Zuhörer sein, ohne zu streiten. Das Ziel ist es, das Verständnis zu verbessern. Aktives Zuhören erfordert Anstrengung und Konzentration, und du weißt, dass du gut darin bist, wenn du deinem Partner ohne Ablenkung und Urteil Aufmerksamkeit schenkst und reagierst, ohne zu spüren, wie dein Blutdruck durch die Decke geht. Die Fähigkeit, eine Meinungsverschiedenheit auszudiskutieren, ist entscheidend. Die Sichtweise deines Partners zu respektieren - und im Gegenzug Respekt für deine Sichtweise zu bekommen - ist das, was die Welt am Laufen hält.

Partner, die aktiv kommunizieren, können den Sturm auf bedeutende Meinungsverschiedenheiten überstehen. Wenn du eine Meinungsverschiedenheit mit deinem Partner hast, wende das Gegenseitiger Respekt Werkzeug an. Wenn du das nicht tust und ständig deinen Standpunkt vertrittst, wirst du deine Partnerschaft im Alleingang zerstören.

Wertschätzung zeigen

**Wenn du deinem Partner keine Wertschätzung zeigst,
wenn er sie verdient, wird er aufhören, die Dinge zu tun, die du schätzt.**

Wir alle mögen es, geschätzt zu werden, besonders von denen, die wir lieben. Wertschätzung ist der wichtigste Aspekt für die Zufriedenheit eines Partners. Partner, die sich täglich gegenseitig für all die kleinen und großen Dinge wertschätzen, die sie tun, entwickeln schließlich eine Kultur der Dankbarkeit innerhalb ihrer Partnerschaft. Es ist üblich, dass es Phasen in einer Beziehung gibt, in denen die Partner es versäumen, Wertschätzung zu zeigen, weil sie sich durch Arbeit, Gesundheit oder Stress überlastet fühlen. Das Leben wird hektisch und wir neigen dazu, uns mit unseren Aufgaben zu beschäftigen, und Gewohnheiten werden zur Norm.

Ein Mangel an Wertschätzung in Beziehungen erzeugt Verbitterung und ist unfair für die Partnerschaft. Im Grunde ist es eine Einbahnstraße. Es muss nicht jedes Mal eine große Inszenierung gemacht werden, wenn ein Partner die Honey-Do-Liste oder etwas anderes abarbeitet. Aber es ist sicherlich schön, wenn es ein Dankeschön gibt. Wenn die Gefühle eines Partners von dem Wunsch, sich um den Partner zu kümmern, zu der Erwartung werden, dass sich der Partner um ihn kümmert, erzeugt dieser totale Mangel an Wertschätzung Verbitterung.

Anzeichen dafür, dass ein Mangel an Wertschätzung deine Beziehung belastet: Wenn dein Partner nie "Danke" sagt, nie deinen Rat sucht oder dich um deine Meinung bittet, Pläne macht, ohne dich zu fragen, nicht seinen fairen Anteil leistet, nichts für besondere Anlässe tut, sich nicht bemüht, romantisch zu sein, untreu ist, dich nicht nach deinem Tag fragt, deine Gefühle nicht berücksichtigt, kommt und geht, wie es ihm gefällt, oder Freunde zum Essen mitbringt, ohne zu fragen, oder sich zu einer Familienveranstaltung verpflichtet, ohne zu fragen.

Keine Wertschätzung zu zeigen signalisiert, dass die Partner sich gegenseitig als selbstverständlich ansehen. Wenn du derjenige bist, der vergessen hat, dass Wertschätzung eine Möglichkeit ist, deine Liebe jeden Tag zu zeigen, ist es OK, es sich einzugestehen und zu sagen: "Du hast recht, ich liege falsch."

FRAGEN FÜR DICH UND DEINEN PARTNER:

Bedanken wir uns gegenseitig für kleine und große Dinge?

Wissen wir, worauf der andere am meisten stolz ist und wofür er sich am meisten Wertschätzung wünscht?

Fragen wir uns gegenseitig, wie der Tag gelaufen ist?

Erwarten wir Wertschätzung, wenn wir uns gegenseitig helfen? Bekommen wir sie?

Treffen wir Entscheidungen, ohne uns gegenseitig zu fragen?

Schalten wir ab, wenn wir miteinander reden? Hören wir uns wirklich gegenseitig zu?

Sagen wir öfter "Nein" zueinander als wir "Ja" sagen?

Machen wir uns regelmäßig gegenseitig Komplimente?

Fragen wir uns gegenseitig um Rat?

Sprechen wir uns gegenseitig ab, wenn wir Pläne machen?

Gehen wir oft alleine oder mit Freunden aus und lassen den anderen zu Hause?

Erledigt jeder von uns seinen Teil der Aufgaben und Hausarbeiten?

Erscheinen wir beide zu Familienveranstaltungen?

Geben wir uns beide Mühe, romantisch zu sein?

Kommen und gehen wir, wie es uns gefällt? Halten wir uns gegenseitig über unseren Zeitplan auf dem Laufenden?

EIN WERKZEUG UM WERTSCHÄTZUNG ZU ZEIGEN: ICH BIN EIN IDIOT

Schätzt du deinen Partner für alles, was er für dich tut, oder nimmst du ihn als selbstverständlich hin? Bist du dir nicht sicher? Schreibe eine Liste mit all den Dingen, die sie täglich für dich tun, wie z.B. Hausarbeiten, Abendessen, Kaffee kochen am Morgen, Einkaufen, Wäsche waschen, Geld verdienen, um die Rechnungen zu bezahlen, das Auto warten lassen, Arzttermine wahrnehmen, etc. Frag sie dann, ob du nicht etwas vergessen hast. Es kann gut sein, dass es eine Menge Dinge gibt, die dein Partner tut, die dir gar nicht bewusst sind.

Lass deinen Partner die gleiche Liste mit Dingen machen, die du für ihn und deine Familie tust. Vergleiche nun die Listen. Wenn sie mehr von der Last tragen, habt ihr ein Problem. In den meisten Fällen wird die Liste der Dinge, die du tust, nicht einmal mit ihrer zu vergleichen sein. An dieser Stelle kommt das „Ich bin ein Idiot" Werkzeug ins Spiel.

"Danke" zu sagen scheint der einfachste, offensichtlichste Weg zu sein, deinem Partner Dankbarkeit zu zeigen, aber das wird selten getan. Wenn du also nicht deinen fairen Anteil tust, dann gestehe dir dieses "Ich bin ein Idiot" ein und danke deinem erstaunlichen Partner. Noch wichtiger ist, dass du deine "Ich schaffe das"-Energie aktivierst und anfängst, deinen fairen Anteil zu leisten.

AKTIONSPUNKT
TRIFF DIE RICHTIGEN ENTSCHEIDUNGEN
ZEIGE TÄGLICH LIEBE UND ZUNEIGUNG. BEGINNE MIT EINEM KAFFEE IM BETT ODER EINEM KUSS.

Du könntest auch anfangen, mehr Wertschätzung zu zeigen, indem du süße Notizen hinterlässt. Verstecke sie dort, wo dein Partner sie leicht finden kann: auf dem Armaturenbrett seines Autos, auf dem Badezimmerspiegel oder auf dem Kopfkissen. Es ist erstaunlich, wie ein kleiner Liebesbrief oder ein Anruf aus heiterem Himmel, der deinem Partner sagt, wie sehr du ihn liebst, den Tag deines Partners aufhellen kann. Das ist es, was die Partnerschaft am Brennen halten wird.

Wenn dein Partner eine harte Woche hinter sich hat, bedeutet ein "Ich schaffe das" die Welt. Gönne ihm ein paar Stunden Ruhe, um sich in der Badewanne zu entspannen oder sich in ein Buch zu vertiefen. Kümmere dich um den Einkauf, das Kochen, das Abwaschen des Abendessens und hilf den Kindern bei den Hausaufgaben.

Du kannst dich mit Geschenken bedanken: Blumen oder ein romantischer Date-Abend, alles von dir geplant, wobei dein Handy während eures Dates weggelegt wird. Überrasche deinen Partner mit etwas, das er gesehen und gemocht, aber nicht für sich selbst gekauft hat. Vergiss auch nie ihren Geburtstag oder den Valentinstag ohne eine Karte, Blumen oder was auch immer du deinem Partner überraschen kannst. Wenn Leute Ausreden erfinden und sagen, dass es nicht wichtig ist, ist das nicht wahr. Es sind nur ein paar Tage im Jahr. Du hast die Chance zu zeigen, dass du dankbar bist, und es funktioniert einfach. Kein Partner wird nein zu Dankbarkeit sagen.

Du kannst auch einen Ja-Tag in dein Regime einbauen. Der Ja-Tag funktioniert so: Egal welcher Tag es ist und was dein Partner verlangt, du musst "Ja" sagen. Erstelle also einen Vertrag über die Grenzen der "Bitten", auf die ihr euch beide einigen könnt. Nach der ersten Runde auf beiden Seiten, kann der Vertrag aktualisiert werden. Also, um anzufangen, sagen wir, der erste Samstag jedes zweiten Monats ist der Ja-Tag. Dann wechselt es zu deinem Partner, und er hat seinen Tag. Nun bist du an der Reihe, Ja zu sagen zu allem, was dein Partner an diesem Tag von dir verlangt.

Dieser Ja-Tag ist auf so vielen Ebenen großartig. Für diesen einen Tag werden die Wünsche deines Partners erfüllt, vor allem die Wünsche, die normalerweise abgeschaltet werden. Auch wenn es für den anderen Partner hart sein mag, sieh es positiv. Für einen Tag jeden zweiten Monat, fühlt sich dein Partner großartig. Diese Übung entzündet die Beziehung neu, weil die Wünsche des Partners befriedigt werden.

Dein erster Versuch eines Ja-Tages kann die Partnerschaft herausfordern, denn normalerweise ist die erste Reaktion auf die Bitten, "Nein" zu sagen. Aber denke für einen Moment darüber nach. Das ist der Partner, den du liebst und um den du dich sorgst, und sie haben eine Bitte, die sie glücklich machen wird. Warum solltest du ihnen das verweigern? Ich verspreche dir, wenn die Wünsche deines Partners anfangen, erfüllt zu werden, werden sie dich mehr lieben.

Der Ja-Tag ist eine Chance für jeden Partner, zu verstehen, was ihn glücklich macht. Du wirst auch ein Fenster bekommen, um zu verstehen, was dein Partner fühlt, dass es ihm fehlt. Es wird einem Partner ermöglichen, seine Ansprüche auf eine coole Art und Weise zu erfüllen. Es fordert auch eine Partnerschaft mit Orten heraus, an die du sonst nie gehen würdest oder mit Dingen, die du tun würdest. Am Ende stellst du vielleicht sogar fest, dass du Spaß an etwas haben kannst, das du nie ausprobiert hättest.

Einfach ruhig sein und es machen

Verantwortlichkeiten teilen

Wenn du denkst, dass der Platz deines Partners in der Küche ist, denke auch daran, dass dort die Messer aufbewahrt werden.

Eine Partnerschaft bedeutet per Definition, dass man sich gemeinsam an einer Unternehmung beteiligt. Partner sind nicht perfekt, aber sie sollten sich stabil fühlen, loyal sein und bereit sein, zusammen zu arbeiten. Wenn diese Qualitäten schwer zu erreichen scheinen, dann wird das zu Verbitterung führen.

Verantwortung teilen - zwei vernünftige und einfache Worte an der Oberfläche. Aber wenn man die Zwiebel abzieht, kommen so viele Streitigkeiten, Scheidungen, Unglücklichsein und Verbitterung aus diesen Worten.

Die Probleme rühren daher, dass ein Partner wünscht, dass der andere sich mehr an der Beziehung beteiligt. Es spielt keine Rolle, dass du der Präsident einer Firma bist und die ganze Zeit reisen musst. Sicher, du kannst dich damit rechtfertigen, dass es dein Job ist, die Familie finanziell zu unterstützen. Aber wenn das bedeutet, dass du in der Beziehung nicht präsent bist, wird alles Geld der Welt deinen Partner nicht dazu bringen, sich zu kümmern. Was ihnen wichtig ist, ist zu sehen, dass du wirklich in der Partnerschaft bist - mit Geist, Körper und Seele.

Wenn deine Art, die Verantwortung zu teilen, darin besteht, Hilfe von außen zu holen, magst du technisch gesehen die Arbeit erledigen. Aber das ist keine Teamarbeit. Wenn du nicht deinen Teil beiträgst, deinen fairen Anteil leistest und dich einbringst, wenn es darum geht, die Verantwortung zu teilen, bedeutet das, dass du die ganze Last auf deinen Partner abwälzt. Das führt zurück zu Ansprüchen. Es schafft Verbitterung und Ungleichgewicht in der Partnerschaft. Wut baut sich auf.

Wenn du sozusagen die Verantwortung teilst und denkst, dass das fair ist, sei dir bewusst, dass dein Partner das ganz anders sehen könnte. Wenn du deinem Partner die Frage nicht stellst, wirst du nie erfahren, ob er das Ausmaß deines Engagements als fair oder als Problem ansieht.

Wenn sich herausstellt, dass du ein Leichtgewicht in Sachen Teilen warst, ist es in Ordnung, es zuzugeben und zu sagen: "Du hast recht, ich liege falsch."

FRAGEN FÜR DICH UND DEINEN PARTNER:

Haben wir beide ständig Stress und Ängste, weil wir uns nicht genug gegenseitig helfen?

Teilen wir uns die Zeitplanung für Familienaktivitäten und Hausarbeiten?

Haben wir unerledigte Aufgabenlisten, die schon länger als sechs Monate aufgeschoben sind?

Haben wir die gleiche Menge an Freizeit oder ist einer von uns immer noch am Schuften, während der andere sich entspannt?

Schalten wir teilweise ab und lassen einen von uns mit einer endlosen Aufgabenliste zurück, während der andere nicht da ist?

Nörgeln wir aneinander herum, mehr zu helfen, nur um eine Ausrede nach der anderen zu bekommen?

Zögert einer von uns beiden, wenn es um die Hausarbeit geht?

Lassen wir alles stehen und liegen, um eine Aufgabe zu erledigen, wenn der andere darum bittet?

Glauben wir, dass der andere unfair in seinen Erwartungen ist?

Vergessen wir zu tun, was wir versprochen haben zu tun?

Streiten wir darüber, wie viel Mühe jeder von uns in die Aufrechterhaltung unserer Partnerschaft steckt?

WERKZEUG ZUM TEILEN VON VERANT-WORTUNGEN: HALT DIE KLAPPE UND TU'S EINFACH

Es braucht Arbeit, um mit deinem Partner auf die gleiche Seite zu kommen und herauszufinden, was jeder von euch braucht. Das Ziel ist es, sie gemeinsam als Partner anzugehen, nicht als Einzelkämpfer. Sei der kluge und intelligente Partner, der sich einbringt und das „Halt die Klappe und tu's einfach" Werkzeug anwendet.

Der erste Teil von Halt die Klappe und tu's einfach ist der Kompromiss und der zweite Teil ist, sich zu organisieren. Das ist der Schlüssel zur Bewältigung aller anstehenden Aufgaben. Denke daran, dass es bei den Aufgaben nicht nur ums Putzen geht. Dinge wie Rechnungen bezahlen, in der Warteschleife des Kabelnetzbetreibers sitzen, Mahlzeiten planen und Geburtstagsgeschenke für Familienmitglieder kaufen sind ebenfalls wichtig. Das Erstellen von Listen aller anstehenden Aufgaben, die in den nächsten Wochen anfallen und sogar das Erstellen eines Kalenders, der für alle zugänglich ist, zeigen, wer verantwortlich ist. Wenn ein Partner mit Aufgaben überhäuft wird, sollte der andere wissen, dass er einfach die Klappe halten und die Arbeit erledigen soll. Es ist eine Partnerschaft, und es braucht ein Team, um das Spiel zu gewinnen.

Ein Kompromiss bedeutet, einen fairen Weg zu finden, die Verantwortung zu teilen. Da wir Erwachsene sind und Hausarbeiten jedem das Gefühl geben, fünf Jahre alt zu sein, werden wir Hausarbeiten "Aktivitäten" nennen. Also, teile die Aktivitäten gleichmäßig auf. Beginne damit, Aktivitäten basierend auf den Bereichen zuzuweisen, in denen du gut bist. Das Geheimnis, um die immer gleichen Streitereien zu vermeiden, ist, deine Liste der Aktivitäten zu vervollständigen. Wenn ein Partner seinen Beitrag nicht leistet, solltest du ihn darauf hinweisen und seine Spielzeit streichen, bis die Aktivitäten abgeschlossen sind.

AKTIONSPUNKT
KOMMUNIZIERT
ERGREIFE DIE INITIATIVE, UM DIE BEZIEHUNG UMZUKREMPELN. ÜBERNIMM PARTNERPROJEKTE, DIE DU DIESE WOCHE ABSCHLIESSEN WIRST.

Du musst bei der Aufteilung von Aktivitäten vorsichtig sein, basierend darauf, wer besser in einer Aufgabe ist, besonders wenn es eine unausgewogene Liste ist. Wenn das der Fall ist, muss dein Partner einige neue Fähigkeiten lernen. Bring ihnen bei, wie man eine Zwiebel schneidet, die Spülmaschine belädt oder die Fernbedienung programmiert. Aber kritisiere sie nicht oder mache Dinge neu, weil dir nicht gefällt, wie es gemacht wurde. Das wird nur dazu führen, dass dein Partner sich abschaltet und es nie wieder macht.

Dann organisiere dich und wende die Fähigkeiten des Zeitmanagements an, die du gelernt hast. Zum Beispiel musst du für jede zwei Stunden, die du spielst, eine Stunde harte Arbeit reinstecken. Das Ziel ist es, die Honey-Do-Liste zu vervollständigen, und wenn du fertig bist, frag nach mehr. Stell dir vor: "Es ist so viel besser, mein Auto zu fahren, wenn ich weiß, dass die Bremsen tatsächlich funktionieren oder "OMG, ich kann jetzt Freunde einladen, da sie nicht mehr durch das Loch im Verandaboden fallen können."

Erstelle einen Kalender, in dem du festlegst, was in der kommenden Woche erledigt werden muss und wer für was verantwortlich ist. Mache einen Zeitplan und setze Fristen. Setze dir eine Erinnerung von einer To-Do-Listen-App oder hänge die Liste für alle auf, zum Beispiel am Kühlschrank. Wenn du den Ball fallen lässt, sag deinem Partner, dass er so lange Lärm machen kann, bis es erledigt wird. Fair ist fair. Der einzige Zeitpunkt, an dem du auf beiden Seiten einspringen solltest, ist, wenn der Zeitplan des Partners es nicht zulässt, die Aufgabe zu erledigen oder wenn du krank bist. Du wirst wissen, wann es fair ist und wann nicht. Überlegt euch, wie ihr euch gegenseitig kontrollieren könnt und im Zweifelsfall halt die Klappe und tu's einfach.

Kapitel 9:
Tägliche Werkzeuge mehr für Sicherheit in der Beziehung

LIEBE HOFFNUNG

Küss deinen Partner, wenn ihr aufwacht

Pflege und Hygiene

Halte ein Glas Wein oder ein Abendessen bereit, wenn dein Partner nach Hause kommt

VITO'S

STOP

Lade deinen Partner auf ein Date ein

Bringe deinem Partner Kaffee ins Bett

Sich geliebt fühlen

Alle großartigen Dinge sind einfach. Sie lassen sich in einem einzigen Wort zusammenfassen: Hoffnung.

Mach dir deine Partnerschaft zu eigen und fange an, Sicherheit in die Beziehung zu bringen. Es liegt in deinen Händen. Du allein kannst etwas bewirken, indem du handelst. Mach dir diese Partnerschaft zu eigen, indem du deinen Partner zur wichtigsten Person in deinem Leben machst - und das schließt deine Familie und die Kinder ein. Mach dir diese Partnerschaft zu eigen und erlaube niemandem außer deinem Partner, in ihr ein Mitspracherecht zu haben. Mach dir diese Partnerschaft zu eigen und verschaffe der Stimme deines Partners Gehör. Verstehe, dass du eure Beziehung jedes Mal untergräbst, wenn du deinen Partner kritisierst, abwertest, mit ihm streitest, ihn angreifst oder mit negativen Äußerungen über ihn herziehst. Die vier Fehler in Kapitel 2 können für jede Beziehung zerstörerisch sein. Wenn einer oder mehrere dieser Fehler in deiner Beziehung auftreten, könntest du auf dem besten Weg sein, dich ungeliebt zu fühlen, falls das nicht längst schon so ist.

Jedes Mal, wenn du dich emotional abschottest oder dich einfach zurückziehst, weil du nicht über wichtige Themen sprechen willst, entsteht mehr Distanz in der Partnerschaft. Das wirkt sich negativ auf die Liebe innerhalb der Partnerschaft aus.

Wie kannst du deinem Partner Liebe zeigen, wenn du ständig wütend bist? Das kannst du nicht. Wie kannst du einen Partner lieben, der dich ständig aus irgendeinem Grund anschreit? Das kannst du nicht. Das ist der Moment, in dem du dich als Partner zurückziehst und nur noch ein schlechter Mitbewohner bist.

Wenn du das Gefühl hast, von deinem Partner wenig oder gar nicht geliebt zu werden, versichere ich dir, dass es ihm genauso geht. In diesem Fall haben du und dein Partner den Respekt voreinander verloren. Wut, Verbitterung, gemischte Gefühle über eure Partnerschaft ... das ist der Punkt, an dem ihr euch beide fragt, warum ihr überhaupt Teil dieser miserablen Partnerschaft seid.

Ein Mangel an Liebe kann eine Partnerschaft schädigen. Wenn das passiert ist und du das ändern möchtest, gestehe es ein und sage: "Du hast recht, ich liege falsch."

FRAGEN FÜR DICH UND DEINEN PARTNER

Fühlen wir uns manchmal ungeliebt, weil einer oder beide von uns emotional abwesend sind?

Zeigen wir uns gegenseitig unsere Liebe, indem wir Dinge tun, die den Tag des anderen leichter machen?

Haben wir manchmal Zweifel daran, dass wir uns lieben und füreinander da sind? Wenn ja, was machen wir dann mit diesen Zweifeln?

Zeigen wir uns gegenseitig unsere Liebe und Wertschätzung durch kleine Taten, indem wir uns zum Beispiel gegenseitig einen Kaffee holen oder ein Bad einlassen, um den Partner entspannen zu lassen?

Halten wir inne und hören uns gegenseitig zu, wenn wir gefragt werden?

Sagen wir unsere eigenen Pläne ab, wenn wir merken, dass wir für den anderen da sein sollten?

Umarmen und küssen wir uns zu zufälligen Zeiten, um uns gegenseitig zu zeigen, wie sehr wir uns lieben?

Bewahren wir uns regelmäßig eine private Zeit und einen privaten Raum für Sex und Intimität?

Atmen wir durch und erinnern uns gegenseitig daran, dass wir uns lieben und füreinander sorgen, wenn wir aufeinander wütend sind? Was kommt hierbei heraus?

Kümmert sich jeder von uns um sich selbst, damit wir in der Lage sind, die Liebe des anderen anzunehmen?

EIN WERKZEUG, UM SICH GELIEBT ZU FÜHLEN

Dein Partner ist mit der Hoffnung eine feste Partnerschaft mit dir eingegangen, dass du für immer da sein wirst. Hat dein Partner also immer noch das Gefühl, dass du für immer da sein wirst? Sendest du die Botschaft, dass du für immer da sein willst, oder sendest du die Botschaft, dass du das sinkende Schiff eher schnell verlassen willst?

Es ist an der Zeit, sich wieder auf das Wesentliche zu besinnen und deinen Partner zu deiner Priorität zu machen. Das Werkzeug der Hoffnung kann dir dabei helfen. Deinen Partner zur obersten Priorität zu machen, ist der Schlüssel, um die Liebe zurück in die Beziehung zu bringen. Du kannst deine Beziehung retten, indem du deinem Partner einfach das Gefühl gibst, wieder geliebt zu werden.

So einfach ist das. Jedoch erfordert es Aufopferung und das Loslassen von Dingen, die einer gesunden Beziehung im Wege stehen. Es geht darum, sich auf dieselbe Seite zu stellen, die Vergangenheit loszulassen und sich daran zu erinnern, dass es in dieser Beziehung nicht nur um dich geht.

Setz dich mit deinem Partner zusammen und besprich alles, was ihn verrückt macht. Sag ihm, dass du wünschst, dass er dich wieder liebt, respektiert und dir vertraut, und dass du bereit bist, es besser zu machen.

AKTIONSPUNKT
STELLE DIE FRAGE
WAS MACHT DEINEN PARTNER VERRÜCKT? NUTZE DIE DREI-TAGE-REGEL, UM ZU FRAGEN. VERSTEHE, DASS ER SICH DAS NICHT AUSDENKT, SONDERN DIE DINGE SO SIEHT, WIE ER SIE SIEHT. SPRICH AM VIERTEN TAG DARÜBER.

Jetzt ist es an der Zeit, die Drei-Tage-Regel anzuwenden. Sie funktioniert folgendermaßen. Erstelle eine Liste mit allen Problemen. Du solltest mindestens ein oder zwei Seiten mit echten Problemen erhalten. Versuche nun, kreative Wege zu finden, um zu sehen, ob du Änderungen vornehmen kannst. Du wirst drei Tage brauchen, um die echten Probleme auszuarbeiten, ohne sie groß zu bewerten. Mach dir klar, dass deine erste Reaktion „auf keinen Fall!" sein wird. Du wirst defensiv sein - das liegt in der menschlichen Natur. Sobald du dich beruhigt hast, kannst du die Liste durchgehen. Du solltest sehen, was vernünftig ist. Sprich bei komplizierteren Fragen mit deinem Partner und versuche, einen Kompromiss zu finden. So zeigst du deinem Partner, dass er dir wichtig ist.

Du musst engagiert bleiben. Das bedeutet, positiv zu bleiben, auch wenn ihr durch Höhen und Tiefen geht. Verdränge die negativen Gedanken und denke daran, dass deine Taten lauter sprechen als deine Worte. Du bist der Fels in der Brandung, und dein Partner zählt auf dich, damit die Hoffnung Wirklichkeit wird. Es ist also an der Zeit, deinen Partner zu einer Priorität zu machen, und das ist nicht kompliziert. Es braucht nur deine Hingabe.

STRESS

Mache es dir zur Aufgabe, den Stress deines Partners zu reduzieren

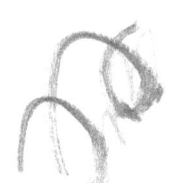

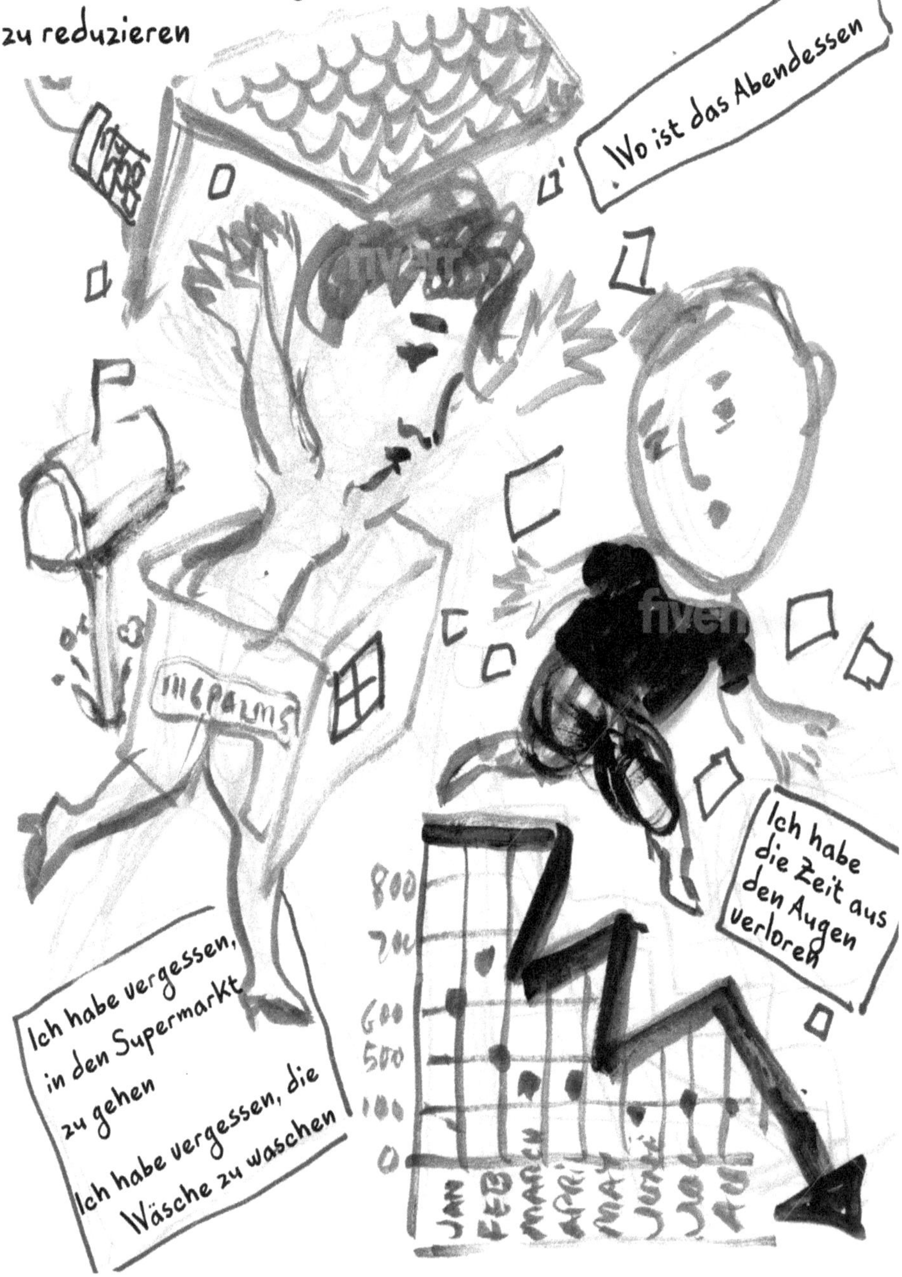
Wo ist das Abendessen
Ich habe die Zeit aus den Augen verloren
Ich habe vergessen, in den Supermarkt zu gehen
Ich habe vergessen, die Wäsche zu waschen
800
600
500
0
JAN
FEB

Stress

Natürlich kann dein Partner alles allein machen. Ein richtiger zweiter Partner wird das jedoch nicht zulassen.

Stress ist in unserem Alltag unumgänglich. Wie kannst du also deinem Partner helfen, damit umzugehen und - was noch wichtiger ist - Stress zu reduzieren? Stressige Ereignisse können die Sicht deines Partners auf sich selbst und seine Welt verändern. Sie können ihre Gefühle über das Leben, den Job, Beziehungen, Sicherheit und die Zukunft verändern. Wenn du nicht am Leben deines Partners teilnimmst, wirst du das nicht einmal merken.

Wenn du dich darauf verlässt, dass dein Partner oder deine Partnerin alle Hausarbeiten erledigt, musst du dir darüber im Klaren sein, dass du seinem oder ihrem Leben zusätzlichen Stress zufügst. Noch schlimmer ist, dass dein Partner vielleicht an einem Punkt im Leben ist, an dem er das Gefühl hat, dass er sich nicht mehr auf dich verlassen kann und gar nicht mehr nach Hilfe fragt. Für deinen Partner könnte es einfacher und weniger frustrierend sein, es einfach selbst zu tun.

Meistens bist du ohnehin schon überlaste. Wie sollen da zusätzliche finanzielle, familiäre, gesundheitliche und berufliche Angelegenheiten in deinen ohnehin schon vollen Terminkalender passen? Gar nicht. Vor allem, wenn ein Partner dazu neigt, die meiste Last zu tragen. Stress kann auch eine emotionale Distanz verursachen, die zum Verlust der Intimität und zum Tod der Romantik in eurer Beziehung führt.

Wenn eine Partnerschaft stark ist und beide Partner mit Stress umgehen können, wird die Fähigkeit, sich von einem Verlust, einem Trauma, einer Tragödie und anderen Problemen zu erholen, als psychologische Widerstandsfähigkeit bezeichnet. Wenn die Partnerschaft schwac

Wenn dein Partner ständig gereizt und gestresst ist, hast du deine Arbeit nicht gemacht. Wenn das passiert ist und du das ändern möchtest, dann steh dazu und sag: „Du hast recht, ich liege falsch."

FRAGEN FÜR DICH UND DEINEN PARTNER

Vergrößern wir normalerweise den Stress des anderen oder verringern wir ihn?

Machen wir uns gegenseitig Stress, wenn es darum geht, Dinge im Haus zu erledigen?

Was tun wir, um uns gegenseitig eine Pause zu gönnen und uns zu entspannen?

Hat einer von uns oder wir beide Kontrollprobleme, die den Stress des anderen vergrößern?

Hat einer oder haben wir beide mit Kindheitsproblemen zu kämpfen oder leiden wir unter posttraumatischen Störungen?

Tragen unsere externen Familienmitglieder zu unserem Stress bei? Versuchen wir, den Stress des anderen zu reduzieren, wenn wir das merken?

Sind wir wegen des Zustands unserer Beziehung gestresst?

Ist einer von uns gestresst, weil wir denken, dass der andere nicht mehr so engagiert in der Beziehung ist, wie wir es einmal waren? Hat einer oder beide von uns aufgegeben?

Haben einer oder beide von uns gesundheitliche Probleme, die die Partnerschaft zusätzlich belasten?

Sind wir ständig aufgeregt, weil wir nicht miteinander reden können, ohne uns zu streiten?

EIN WERKZEUG GEGEN STRESS, ES IST DEINE AUFGABE

Was ist das Geheimnis, um einem überlasteten Partner zu helfen? Mache es dir zur Aufgabe, die Belastung zu reduzieren, damit dein Partner nicht mehr so gestresst ist. Das bedeutet, dass du wirklich alles tun musst, was nötig ist. Wenn du das Leben mit der Einstellung angehst, dass es deine Aufgabe ist, dafür zu sorgen, dass dein Partner nie gestresst ist, bist du dem Spiel immer einen Schritt voraus.

„Es ist deine Aufgabe" ist der Schlüssel, um den Stress deines Partners zu reduzieren. Lehn dich einfach zurück und überlege, was ich von dir verlange und warum. Dann verstehst du, was es bedeutet, deinen Partner von Stress zu befreien. Das ist eine große Bitte, und ich kann gar nicht sagen, wie sehr sich das auszahlt. Es ist an der Zeit, dass du diese Aufgabe wahrnimmst.

Finde heraus, was los ist, wenn du bei deinem Partner Anzeichen von Stress feststellst. Tue dies auf eine freundliche und emphatische Art. Das kann so einfach sein wie die Frage: „Hast du einen schlechten Tag? Kann ich dir helfen?" oder „Was kann ich tun, damit es besser wird?" Wenn du deinen Partner oder deine Partnerin wirklich kennst, wirst du genau wissen, wo er oder sie Hilfe braucht und es einfach tun. Wenn es um eine Aufgabe geht, erledigst du sie einfach, ohne dich zu beschweren.

AKTIONSPUNKT
GEHE KOMPROMISSE EIN
ES IST AN DER ZEIT, DIR ZEIT FÜR DEINEN PARTNER ZU NEH-
MEN. VERZICHTE EINE WOCHE LANG DARAUF, SPIELE IM
FERNSEHEN ZU GUCKEN UND KÜMMERE DICH NUR UM EUCH
BEIDE. NUR FÜR EINE WOCHE.

Angenommen, Ihr habt ein Problem mit den Finanzen und du bist derjenige, der für das Geld zuständig ist. Setze dich mit deinem Partner zusammen und löse das Problem. Erarbeite eine Strategie, um deine Schulden zu reduzieren. Das könnte bedeuten, dass du harte Entscheidungen treffen musst, die dich zwingen, wichtige Dinge zu verkaufen, um das Defizit zu verringern, oder laufende Ausgaben zu reduzieren. Ihr könnt vielleicht weniger auswärts essen gehen oder den täglichen Kaffee zuhause trinken. Denke daran, dass das Ziel darin besteht, Stress zu reduzieren.

Intimität ist in jeder Partnerschaft wichtig. Wenn sie fehlt, erhöht das den Stress in jeder Partnerschaft. Bist du so beschäftigt und abgekoppelt, dass du vergessen hast, wann du und dein Partner das letzte Mal richtig Spaß miteinander hattet? Wenn ja, dann ist es deine Aufgabe, gemeinsam Spaß zu haben. Gemeinsame Kinobesuche, Spaziergänge, Picknicks, Spiele, Ausflüge, Händchenhalten, Umarmen und Lachen sind die Medizin, die dafür sorgt, dass ihr euch wieder normal fühlt.

Nimm dir in deinem Terminkalender Zeit für deinen Partner. Deine Beziehung zu deinem Partner hat Vorrang vor allen anderen Prioritäten und Zeitplänen. Schätzt, was ihr aneinander habt und kommuniziert klar und respektvoll,. Missverständnisse sind nämlich häufig eine Quelle von Spannungen.

Wichtige Entscheidungen ohne deinen Partner zu treffen, bedeutet immer zusätzlichen Stress. Das bedeutet, dass es deine Aufgabe ist zu verstehen, dass du sicherstellen musst, dass dein Partner zustimmt und mit dir auf einer Wellenlänge ist. Halte deinen Partner immer auf dem Laufenden und kommuniziere immer mit Liebe und guten Absichten.

Deine Aufgabe zu beherrschen bedeutet, die Wahrheit zu sagen und ehrlich zu deinem Partner zu sein - auch dann, wenn es weh tut. Das bringt weniger Stress in die Beziehung, denn es bringt Ehrlichkeit in die Partnerschaft und Vertrauen, was zu weniger Geheimnissen und weniger Stress führt.

TEMPERAMENT

Kontrolliere dein Unterbewusstsein und höre auf, dein Temperament zu

Launen

Wenn du die Knöpfe deines Partners zu oft drückst, hören sie vielleicht ganz auf, zu funktionieren.

Schlechte Laune kann für eine Partnerschaft schädlich sein. Sie kann eine Vielzahl von Problemen für beide Partner verursachen. Wenn du schlechte Laune hast und oft wütend wirst, schreist, Dinge wirfst, Drohungen ausssprichst oder deinen Partner beschimpfst, ist das einfach das Schlimmste, was du tun kannst. Wenn du eine kurze Zündschnur hast oder schnell die Kontrolle verlierst, kann das schnell zur Normalität im Alltag werden.

Schlechte Laune zu haben ist ungesund für alle, die in deiner Nähe sind. Wut kann zu einer schlechten Angewohnheit werden. Ohne entsprechende Fähigkeiten zur Wutbewältigung können dein Partner und deine Familienmitglieder Angst davor haben, etwas zu sagen, was dich dazu bringen könnte, die Beherrschung zu verlieren. Wenn du diese Person bist, dann verspreche ich dir, dass deine Familienmitglieder in deiner Nähe wie auf Eierschalen laufen. Sie haben vielleicht auch das Gefühl, dass sie dir nicht widersprechen oder etwas sagen können, womit du nicht einverstanden bist.

Launen werden oft mit etwas Schlechtem in Verbindung gebracht. Obwohl es für eine bestimmte Stimmung oder einen Gemütszustand steht (der nicht unbedingt schlecht sein muss), meint jemand, wenn er sagt, dass du oft Launen hast, du deine Gefühle einfach nur nicht kontrollieren kannst. Entweder neigst du dazu, selbst bei den kleinsten Unannehmlichkeiten zu streiten und wütend zu werden, oder du bist mit den Menschen um dich herum nicht geduldig genug.

Die Realität ist, dass niemand mit Sachen werfen oder die Kontrolle verlieren muss, um gehört zu werden. Die Beherrschung zu verlieren, ist eine schlechte Angewohnheit. Wenn das passiert, ist es in Ordnung, es zuzugeben und zu sagen: „Du hast recht, ich liege falsch.“

FRAGEN FÜR DICH UND DEINEN PARTNER

Hat einer von uns beiden ein Kontrollproblem? Wurde einem von uns gesagt, wir wüssten nicht, wann wir aufhören sollen?

Verletzen wir uns während eines Streits gegenseitig mit Worten?

Treiben wir uns während eines Streits gegenseitig in die Enge, bis einer von uns ausrastet?

Sagen wir uns gegenseitig "Es tut mir leid"?

Fällt es einem von uns schwer, andere Gefühle als Wut auszudrücken?

Finden wir, dass wir respektvoll und konstruktiv streiten, oder sind wir aufdringlich zueinander?

Erklären wir uns gegenseitig Dinge, die wir bereits wissen, nur um uns gegenseitig zu ärgern?

Lassen wir uns während eines Streits gegenseitig unsere Standpunkte darlegen? Zeigen wir uns gegenseitig Geduld, Verständnis und Mitgefühl, auch wenn wir anderer Meinung sind?

Glauben wir, dass es für den anderen leichter ist, uns zu verstehen, wenn wir lauter sprechen?

EIN WERKZEUG GEGEN LAUNEN: HÖRE DARAUF, WAS UNTERBEWUSST IN DEINEM KOPF VORGEHT UND GEPLAPPERT WIRD

Jeder darf mal einen schlechten Tag haben. Wenn du aber deinem Partner gegenüber aggressiv bist und das zur Regelmäßigkeit wird, wirkt sich das negativ auf eure Beziehung aus. Wenn Wut in Wut umschlägt, nenne ich das Unterbewusste-Geplapper-Syndrom. Das ist der Moment, in dem dein Unterbewusstsein die Kontrolle übernimmt und dir nicht erlaubt, deinen Partner zu vergessen oder ihm zu verzeihen - bis zu dem Punkt, an dem du dich abreagierst, bis du ausrastest.

Wenn du schon wegen Kleinigkeiten die Beherrschung verlierst, ist das eine schlechte Angewohnheit oder eine schlechte Programmierung. Dann ist es an der Zeit, dir dein inneres Geplapper anzuhören.

AKTIONSPUNKT
KOMMUNIZIERT
SPRICH MIT DEINEM PARTNER. ICH MEINE ECHTE GESPRÄCHE - LEG DIE PROBLEME AUF DEN TISCH UND. SPRICH ES AUS, UM EINE WIN-WIN-SITUATION ZU SCHAFFEN.

Was ist dieses innere Geplapper? Hier ist ein einfaches Beispiel. Es ist dann vorhanden, wenn dein Unterbewusstsein dich so aufregt, dass du einfach an die Decke gehen musst. Wurdest du schon mal im Verkehr aufgehalten? Wurdest du geschnitten oder hat dir jemand die Vorfahrt genommen? Was passiert dann? Die Person geht fröhlich ihres Weges. Aber du gehst mit innerer Wut durch den Tag und trägst sie wie eine Fahne vor dir her.

Auf dein inneres Geplapper zu hören, ist eine Möglichkeit, diese innere Stimme an einen Ort zu bringen, an dem sie dich nicht mehr aufbringen kann. Hier sind ein paar bewährte Methoden, um das zu tun. Erstens: Zähle bis 10. Atme dabei tief durch und denke an etwas anderes, um dich von deinen negativen Gefühlen abzulenken. Das innere Geplapper wünscht sich, dass du es befeuerst und an die Decke gehst. Mach dir diese unterbewusste Stimme bewusst und du wirst sie kontrollieren können.

Wenn du dich ängstlich oder wütend fühlst und das Geplapper einfach nicht aufhört, solltest du dich von der Situation distanzieren. Gönne dir ein paar Minuten, um Sport zu treiben, einen langen Spaziergang zu machen oder zu meditieren. Tu, was immer in diesem Moment angebracht ist, um negative Energie loszulassen. Wenn du dich dann beruhigt hast, sprich mit deinem Partner darüber. Sag, was dich stört, ohne die Kontrolle zu verlieren, und sei vernünftig.

Dann, und nur dann, bist du in der Lage, mit deinem Partner über den Rest eures gemeinsamen Lebens zu sprechen, und zwar in aller Ruhe. Nur wenn du dein Unterbewusstsein kontrollieren kannst, kannst du mit deinem Partner vernünftig reden. Ihr könnt komplexe Themen in einer Partnerschaft angehen und euch ohne Reue für eine Vorgehensweise entscheiden.

Wenn Süchte im Spiel sind und ihr euch in einem hitzigen Streit befindet, musst du verstehen, dass es fast unmöglich ist, vernünftige Entscheidungen zu treffen und gleichzeitig dein inneres Geplapper in Schach zu halten. Das ist eine schlimme Situation und unfair für einen Partner. Der Schaden, der in solchen Situationen entsteht, kann irreversibel sein. Du wirst später ein Gespräch führen müssen. Im Moment solltest du deine Gedanken aufschreiben oder aufzeichnen, damit du sie in nüchternem Zustand wieder aufgreifen kannst. Das gibt dir im Moment ein Ventil.

Denke daran, dass es weder sinnvoll noch praktisch ist, über jede Meinungsverschiedenheit zu streiten. Du gewinnst vielleicht den Streit, aber letztendlich schwächst du die Partnerschaft. Lasse der negativen Energie Zeit, sich abzukühlen, um eine rationalere Diskussion zu führen.

Konzentriere dich nicht auf den Versuch, deinen Partner zu ändern. Das kannst du nicht. Du kannst deinen Partner jedoch beeinflussen und ihm die Vorteile deines Standpunktes aufzeigen. Du kannst deinen Partner beeinflussen, indem du ein positives Umfeld schaffst, das der Zusammenarbeit förderlich ist und nicht von dir kontrolliert wird.

Manchmal musst du verstehen, was dich stört. Vielleicht ist es nicht einmal das Thema, über das ihr euch streitet. Wenn du merkst, dass du ständig wegen Kleinigkeiten die Beherrschung verlierst, ist es an der Zeit,das innere Geplapper abzuschalten. Es hat schon genug Schaden angerichtet. Es ist okay, einfach mal loszulassen.

Der Umgang mit Gewicht

Dein Partner kann dich nicht ändern.

Aber du kannst dich ändern, weil du deinen Partner liebst.

Für viele Menschen ist es schwer, in Form zu bleiben und ihren Körper zu mögen. Vielleicht bist du übergewichtig oder untergewichtig. Vielleicht ist es dein Gesicht oder ein anderer Teil deines Körpers, von dem du besessen bist. Überall, wo du hinkommst, gibt es jüngere, schöne und schlanke Menschen, die Eiscreme und Donuts essen, während du extra Pfunden kämpfst, weil du eine einzige Reiswaffel gegessen hast. Das Leben ist einfach ungerecht.

Hast du einen Partner, der mit Gewichtsproblemen zu kämpfen hat, den du kritisierst oder dem du beiläufige Sprüche an den Kopf wirfst, weil du dir wünschst, dass er anders aussieht, und du unglücklich damit bist, wie über- oder untergewichtig er aussieht? Das ist nicht der richtige Weg, um einen gesünderen Partner zu bekommen.

Wenn dein Partner oder deine Partnerin sich seines oder ihres Übergewichts bewusst ist, möchte er oder sie vielleicht nicht, dass du ihn oder sie beim Ausziehen oder bei eingeschaltetem Licht ansiehst. Das Körperbild ist ein wesentlicher Bestandteil der psychologischen Verfassung eines jeden Menschen. Wenn das Selbstwertgefühl deines Partners oder deiner Partnerin leidet, kann es für ihn oder sie schwierig sein, Komplimente anzunehmen oder sich in deiner Nähe wohl zu fühlen.

Gewichtsprobleme sind etwas Persönliches, und jeder Mensch geht anders damit um. Es gibt so viele Menschen, die mit ihrem Aussehen unzufrieden sind. Oft wird es für sie zwanghaft und ungesund.

Gespräche über das Gewicht können Grenzen überschreiten. Wenn das passiert, ist es in Ordnung, es zuzugeben und zu sagen: "Du hast recht, ich liege falsch."

FRAGEN FÜR DICH UND DEINEN PARTNER

Akzeptieren wir den Körper des anderen so, wie er ist?

Sehen wir das aktuelle Gewicht des anderen als ein Problem an, das gelöst werden muss?

Bemerken und kommentieren wir, wenn wir sehen, dass der andere zu- oder abnimmt? Wissen wir, ob wir das gegenseitig gerne hören?

Entscheiden wir uns für Lebensmittel, die für uns beide gesund sind?

Bringt einer von uns beiden Junkfood mit nach Hause, wenn der andere versucht, abzunehmen?

Weiß jeder von uns, wie der andere in Bezug auf sein Körperbild ermutigt und unterstützt werden möchte?

Helfen wir uns gegenseitig, uns gut zu fühlen?

Versuchen wir zu kontrollieren, was der andere isst?

Verlangt einer von uns beiden, dass der andere Hilfe bei seinen Körper- oder Gewichtsproblemen bekommt?

Haben wir jemals angedeutet, dass der andere mehr Sport treiben sollte?

Sprechen wir vorurteilsfrei über die Schwierigkeiten des anderen beim Abnehmen oder Zunehmen?

EIN WERKZEUG FÜR DEN UMGANG MIT GEWICHT: ES IST NUR EINE NUMMER

Die Realität ist, dass Gewicht für viele ein Problem ist. Die Frage ist nur, ob du deinen Partner damit verrückt machst. Wenn ja, solltest du diesen Ansatz wählen: Es ist nur eine Zahl. Diese Zahl kann steigen und sinken. Wenn dich dein Gewicht stört, solltest du besser essen und Sport treiben. Aber wenn dich das Gewicht deines Partners stört, musst du ihn auf seine eigene Weise damit umgehen lassen.

Du kannst ihn nur unterstützen, wenn er dich darum bittet - und ihn fragen, welche Art von Unterstützung ihm hilft und nicht schadet. Andernfalls hast du kein Mitspracherecht und solltest dich nicht in die eine oder andere Richtung äußern. Das ist einfach eine Grenzüberschreitung. Es gibt absolut nichts Gutes, das dabei herauskommen könnte.

Wenn dich das Gewicht deines Partners stört, ist das Schlimmste, was du tun kannst, ihn unter Druck zu setzen, dass er ab- oder zunimmt. Das wird deinen Partner und eure Partnerschaft nur noch mehr belasten. In der Regel bewirkt es das Gegenteil von dem, was du dir wünschst. Rechne damit, dass dein Partner rebelliert oder sich dir gegenüber verschließt. Wenn dein Partner oder deine Partnerin bereit ist, gesund zu werden, sind sie die Einzigen, die das erreichen können. Positive Unterstützung ist die einzige Möglichkeit, es anzugehen. "Es ist nur eine Zahl" ist das, an was du dich hier erinnern solltest. Das bedeutet, dass du deinen Partner zu seinen Bedingungen und nach seinem Rhythmus handeln lässt und ihm dabei sanft zur Seite stehst.

AKTIONSPUNKT
TRIFF DIE RICHTIGEN ENTSCHEIDUNGEN
WENN DEIN PARTNER DEINE ERMUTIGUNG BRAUCHT, GEH MIT IHM SEINEN WEG. TRAINIERE MIT IHM. ERNÄHRE DICH MIT IHMGESUND. NIMM DIE VERÄNDERUNGEN GEMEINSAM VOR. DAS IST EINE PARTNERSCHAFT.

Das Geheimnis eines gesunden Lebensstils ist die Beherrschung deiner Willenskraft. Wenn du die Kontrolle hast, ist Willenskraft der Schlüssel, um die richtigen Entscheidungen zu treffen. Wenn sie ausgeschaltet ist, kann sie dein schlimmster Feind sein. Du nimmst dir zum Beispiel vor, dich gesund zu ernähren, wirst dann aber von Arbeit und Familie überrollt. Deine Willenskraft ist auf dem Tiefpunkt und du verschlingst einen ganzen Liter Eiscreme. Wenn jemand versucht, dich davon abzuhalten, kann ich nur sagen: Viel Glück! Mach dir klar, dass die Willenskraft steigt und fällt und dass es unmöglich ist, sie in jedem Moment des Tages auf Abruf zu haben. Sei dir dessen einfach bewusst.

Wenn dein Partner gesund werden möchte und dich um Hilfe bittet, solltest du für ihn da sein. Wenn das bedeutet, dass du etwas essen musst, das dir nicht schmeckt, dann tu es. Wenn dein Partner spazieren gehen möchte und du gerne läufst, dann geh einfach. Wenn du bei jedem Schritt dabei bist, machst du es ihm leicht, es weiter zu versuchen.

Wenn dein Partner oder deine Partnerin sich aktiv bemüht, gesünder zu essen und Sport zu treiben, aber keine Ergebnisse sieht, dann machen positive Kommentare wie „Du siehst toll aus" oder „Ich bin so stolz auf dich" einen Unterschied. Jeder negative Kommentar wird ihn nur ausbremsen und ihn die Motivation verlieren lassen.

Wenn dein Partner sich anstrengt, solltest du ihm kein Junkfood ins Haus bringen. Wenn du weißt, dass dein Partner süchtig nach Donuts ist, ist es einfach nur gemein, ihm ein Dutzend zum Frühstück mitzubringen. Wenn dein Partner sich bemüht, gesündere Rezepte auszuprobieren oder Lebensmittel zu probieren, die nicht immer gelingen, freue dich über seine Bemühungen. Und wenn dein Partner braucht, dass du ihm den Abwasch abnimmst oder dich um die Kinder kümmerst, damit er trainieren gehen kann, dann hilf ihm.

Gesund zu bleiben ist ein lebenslanges Projekt. Es hört nie auf. Es wird gute und schlechte Tage geben. Eines Tages hat man eine Fressattacke und am nächsten trinkt man wieder gesunden Saft. Das ist in Ordnung. Das Gewicht ist nur eine Zahl, die steigt oder fällt. Und bevor du darüber nachdenkst, deinen Partner zu kritisieren, solltest du einen Blick in den Spiegel werfen und sehen, wie du aussiehst. Wirf nicht den ersten Stein.

Denn wenn dein Partner das Gefühl hat, gut auszusehen, fühlt er sich auch selbst gut. Das ist eine Win-Win-Situation. Wenn du es schaffst, die Schönheit in dir zu finden und dafür zu sorgen, dass er oder sie sich immer schön fühlt, hast du es geschafft. Liebe deinen Partner oder deine Partnerin für das, was er oder sie ist, und nicht für das, was die Waage sagt. Du wirst wissen, dass du es geschafft hast, wenn dein Partner sich vor dir ausziehen kann, während das Licht an ist. Das ist das Ziel.

Kapitel 10:
Tägliche Werkzeuge, die Vertrauen in der Beziehung schaffen

GRENZEN EINHALTEN
DENKE, BEVOR DU HANDELST

Bevor du mit der Frau flirtest, die dich immer wieder anschaut, denke an den Weg, den du einschlagen wirst.

Grenzen respektieren

Es ist nicht ein Mangel an Liebe, sondern ein Mangel an Vertrauen, der zu einer unglücklichen Partnerschaft führt.

An welchem Punkt wirst du genug Unglück erfahren haben, um die Liebe und Integrität deines Partners an die erste Stelle zu setzen, so dass ihr euch wirklich vertrauen könnt? Wann hast du genug von den Lügen und bist bereit, ehrlich zu sein, auch wenn dir die Antwort nicht gefällt? Wann hast du genug Stress hinter dir, um dein Wort ohne Ausreden zu halten? Wann hast du genug Schuldgefühle, um ehrlich zu dir selbst zu sein und deinem Partner nicht mehr die Schuld für eine miserable Beziehung zu geben? Wann hast du genug von all dem, um die Zukunft eurer Partnerschaft selbst in die Hand zu nehmen und - was noch wichtiger ist - sie zum Besseren zu verändern?

Grenzen sind für eine gesunde Partnerschaft wichtig. Sie bestimmen, womit du dich wohl fühlst und wie du von deinem Partner behandelt werden möchtest. Du hast bereits gesehen, dass Grenzen bei fast jedem Aspekt einer gesunden Beziehung eine Rolle spielen. Wenn du die Grenzen deines Partners respektierst und ihm hilfst, deine zu respektieren, werdet ihr ein glückliches Leben führen. Wenn du sie überschreitest, machst du dir das Leben nur schwerer, als es sein müsste. Grenzen zu setzen und aufrechtzuerhalten ist eine Fähigkeit. Leider ist es eine Fähigkeit, die viele nicht lernen.

Die Verletzung von Grenzen beeinträchtigt das Vertrauen des Partners. Es gibt viele Arten von Grenzverletzungen. Dazu gehört, dass man den Freiraum, die Familie, die Freunde, die Privatsphäre, die Finanzen, die Ansichten, den Gesundheitszustand usw. einer Person nicht respektiert. Viele Partner haben nie offen über die Grenzen des anderen gesprochen oder sie anerkannt. Wenn du aber nicht weißt, wie dein Partner über Grenzen denkt, kennst du ihn nicht wirklich.

Wenn du versuchst, deinen Partner zu ändern oder Außenstehende zur Lösung eurer Probleme heranzuziehen, hast du eine Grenze überschritten. Wenn du ihn bedroht oder eingeschüchtert hast, hast du eine Grenze überschritten. Wenn du deinen Partner ausgenutzt oder ihm Schaden zugefügt hast, hast du eine Grenze überschritten.

Wenn du die Sachen deines Partners nimmst und umräumst, weil es dir nicht gefällt, wo sie liegen, oder das Smartphone, die Post und die E-Mails deines Partners durchsuchst, ohne danach zu fragen, hast du eine Grenze überschritten. Wenn du Fotos von deinem Partner oder deiner Partnerin machst, obwohl er oder sie es nicht möchte, oder Kommentare oder Bilder in den sozialen Medien veröffentlichst, ohne dass er oder sie es erlaubt hat, hast du eine Grenze überschritten. Wenn du von seinem Teller isst, ohne ihn zu fragen, oder seinen üblichen Platz auf der Couch einnimmst, hast du eine Grenze überschritten.

Das Überschreiten von Grenzen ist ein Zeichen von Respektlosigkeit. Wenn das passiert, ist es in Ordnung, es zuzugeben und zu sagen: „Du hast recht, ich liege falsch."

FRAGEN FÜR DICH UND DEINEN PARTNER

Legen wir die Sachen des anderen im Haus an andere Orte, weil wir denken, dass wir es besser wissen?

Fühlen wir uns manchmal vom anderen nicht respektiert, weil wir die Dinge im Haus so machen, wie ich es will oder wie du es willst, aber nicht wie wir es wollen?

Hat einer von uns oder haben wir beide das Gefühl, dass wir die Kontrolle darüber haben, wie die Kinder erzogen werden?

Unterbricht einer von uns beiden den anderen, um zu korrigieren, wie eine Geschichte erzählt oder eine Idee geäußert wird?

Hat einer von uns beiden das Gefühl, dass die Freunde des anderen nicht gut für ihn sind - und sagt das auch?

Findet einer von uns beiden, dass der andere zu viel flirtet?

Hat einer von uns beiden das Gefühl, dass der andere zu viele private Informationen mit Freunden oder in sozialen Medien teilt?

EIN WERKZEUG, UM GRENZEN ZU SETZEN. DENK NACH, BEVOR DU HANDELST

Für eine gesunde Partnerschaft ist es wichtig, Grenzen zu setzen. Die Frage ist, ob du denkst, dass ihr eine gesunde Partnerschaft führt. Fühlt sich dein Partner wohl dabei, alles mit dir zu teilen, weil er weiß, dass seine Grenzen respektiert werden? Oder hast du das Gefühl, dass dein Partner Dinge vor dir verbirgt, weil du zu viel erzählst und die Grenzen deines Partners verletzt hast? Wenn das der Fall ist, solltest du erst nachdenken, bevor du handelst.

Egal, wie lange ihr schon zusammen seid, solltest du dir die Einstellung bewahren, dass du deinen Partner gerade erst kennenlernst. Wenn du so denkst, tust du so, als ob du deinen Partner gerade erst kennengelernt hättest. Du weißt nicht, wo seine Grenzen liegen oder was ihn motiviert, und er kennt deine nicht. Das bedeutet, dass ihr kommunizieren müsst. Du kannst nicht davon ausgehen, dass du es schon weißt. Diese Übung zeigt Liebe und Hoffnung und dass dir die Partnerschaft am Herzen liegt.

Beginne damit, dir Notizen über deine Grenzen zu machen - finanziell, intellektuell, körperlich, emotional oder sexuell. Was könnte dein Partner tun, damit du dich verletzt fühlst? Bitte deinen Partner, seine eigene Liste zu erstellen, und zeigt euch dann gegenseitig die Listen. Warst du dir über diese Grenzen im Klaren? Wusstest du, was es braucht, um die Grenzen deines Partners zu überschreiten? Das Ziel ist es, herauszufinden, worauf ihr euch einigen könnt und was nicht akzeptabel ist - ein weiterer Schritt, um sich gegenseitig besser zu verstehen.

AKTIONSPUNKT
TRIFF DIE RICHTIGEN ENTSCHEIDUNGEN
DENKE NACH, BEVOR DU HANDELST. JA, ES IST FALSCH, EINE ANDERE PERSON NUR MIT ERREGTEN AUGEN ANZUSCHAUEN. ES TUT DEINEM PARTNER WEH.

Denke jetzt an Zeiten zurück, in denen du diese Grenzen überschritten hast und welche Auswirkungen das auf deinen Partner hatte. Hast du dich entschuldigt? Warst du respektvoll? Konntest du einen Kompromiss oder eine Lösung finden, wenn du ihn verletzt hast?

Der zweite Teil von „Denk nach, bevor du handelst" besteht darin, deinem Partner mitzuteilen, dass du bereit bist, ein besserer Partner zu sein, und dass du seine Grenzen besser respektieren wirst. Eine Möglichkeit, dies zu tun, ist, dich daran zu erinnern, dass du, wenn du Gefühle oder deine Philosophie kommunizierst, „wir" statt „ich" sagst und niemals mit „du hast immer..." oder „du hast nie..." beginnst. Stelle niemals ein Ultimatum. Du verhandelst nicht mit einem Feind. Du umwirbst deinen Partner.

Familien werden an den Rändern eurer Beziehung herumschwirren. Setze Grenzen, wie weit sie gehen können. Es liegt an jedem Partner, die Regeln für jedes erweiterte Familienmitglied festzulegen und deinen Partner davor zu schützen, der Bösewicht zu sein. Wenn du dich in Bezug auf Familie und Grenzen schuldig fühlst, solltest du hier etwas ändern.

Diese Regeln gelten auch für Freunde. Setzt gegenseitige Grenzen und respektiert den Freiraum des anderen, wenn es um diese Grenzen geht. Wenn du deinen Partner davon abgehalten hast, sich mit seinen Freunden zu treffen, ist es an der Zeit, die Grenzen neu zu setzen und herauszufinden, warum das gerechtfertigt war.

Wenn es um Ziele und Träume geht, hat nicmand das Recht, einem Partner zu sagen, dass er einen Traum nicht verfolgen kann, es sei denn, es beeinträchtigt den anderen Partner, z. B. wenn es Geld kostet, das ihr nicht habt. Wenn das der Fall ist, solltet ihr euch gegenseitig Grenzen setzen, wie weit die Ausgaben des Partners gehen dürfen. Wenn ihr Traum dich nicht beeinträchtigt, dann lass ihn träumen. Wenn du ihn stoppst, weil du ihn für eine blöde Idee hältst, dann wurde eine Grenze überschritten und es ist an der Zeit, sie neu zu setzen.

Wenn du und dein Partner noch nie sexuelle Grenzen festgelegt habt, ist es vielleicht an der Zeit, sich mit diesem Thema zu beschäftigen und sich auf eine gemeinsame Linie zu bringen. Die Regel ist, dass du offen für Experimente sein solltest, wenn dein Partner oder deine Partnerin es möchte, und zwar in dem Maße, wie es sicher ist und ihr euch über diese Grenzen einig seid. Das kann ein gesundes Gespräch sein, das sicherstellt, dass beide Parteien glücklich sind.

Ich habe das schon einmal erwähnt, aber ich möchte es noch einmal ansprechen: Eine gute Regel für das Festlegen von Grenzen beim Flirten in jeder Form ist, dass es in Ordnung ist, wenn du es vor deinem Partner tun kannst. Wenn du damit wartest, bis dein Partner den Raum verlassen hat, lautet die Antwort: Nein. Egal, welche Ausrede du dir gerade ausdenkst, weißt du, dass du eine Grenze überschritten hast.

Eine der wichtigsten Voraussetzungen für eine glückliche, gesunde und erfüllende Partnerschaft ist die Fähigkeit, Grenzen zu respektieren. Werde hier ein Überflieger.

LEBENSSTIL

NDERUNGDEINER
EINSTELLUNG

Ihr seid zwei unterschiedliche Menschen der Trick für dich und deinen Partner ist es, in Einklang zu sein

Lebensstil

**Im Leben gilt auch Helmtragepflicht —
Es ist eine ewige Baustelle.**

Die meisten Partnerschaften machen eine Phase durch, in der man sich irgendwie festgefahren fühlt. Die Partner können sogar an einen Punkt gelangen, an dem sie sich zwar lieben, sich aber nicht mehr „verliebt" fühlen. Das kann im Laufe der Zeit passieren, wenn Menschen sich verändern, wachsen und sich aneinander gewöhnen. Wenn dein Partner nicht mit dir im Einklang ist oder kein Interesse an deiner Sichtweise hat, wird das zu einem Problem.

Es kommt häufig vor, dass ein Partner unterschiedliche Wünsche, Ansichten oder Vorstellungen darüber hat, wo er leben möchte, wie er sein Gleichgewicht bei der Arbeit halten oder sein Geld ausgeben will, wie viel er reisen oder sich Essensritualen hingeben möchte, ob er Kinder haben möchte oder nicht und wie viele. Das Ziel ist es, gemeinsam durch diese Welt zu navigieren. Wenn ihr nicht einer Meinung seid und es nur um die Sichtweise des einen Partners geht, kann sich der andere Partner unsichtbar oder sogar verraten fühlen. Dieser Partner wird das Gefühl haben, seine Identität, seine Visionen und seine Träume zu verlieren - und die Partnerschaft zerbricht.

Kameradschaft, Harmonie, echte Liebe, eine gemeinsame Geschichte und die Tatsache, dass du deinen Partner in- und auswendig kennst, sind die Dinge, die Menschen in einer Partnerschaft schätzen. Wenn sich eine oder mehrere dieser wichtigen Komponenten in der Partnerschaft verändern oder fehlen, beginnt das Problem, nicht unbedingt mit einer Veränderung des Lebensstils.

Vielleicht bist du ein Stubenhocker geworden, während dein Partner immer noch gerne ausgeht und reist. Du möchtest einfach nur entspannen. Dein Partner will Action. Du musst nicht alles gut finden oder mit allem einverstanden sein, was dein Partner tun möchte, solange ihr euch auf diese Unterschiede einigen könnt und Lösungen findet, die diese Unterschiede berücksichtigen. Aber lass nicht zu, dass die Unterschiede zu einem negativen Verhalten führen, das eine Haltung der Überlegenheit oder Respektlosigkeit vermittelt. Wenn du das getan hast, ist es in Ordnung, es zuzugeben und zu sagen: "Du hast recht, ich liege falsch."

Lass nicht zu, dass Unterschiede im Lebensstil zu Konflikten führen.

FRAGEN FÜR DICH UND DEINEN PARTNER

Haben sich unsere persönlichen Vorstellungen vom idealen Lebensstil geändert? Sind wir immer noch der gleichen Meinung darüber, was ein gutes Leben ausmacht?

Sind wir gerne mit dem anderen zusammen?

Vermeidet es einer von uns, Zeit mit dem anderen zu verbringen? Sind wir in irgendeiner Weise voneinander losgelöst?

Wünscht sich einer oder beide von uns manchmal, dass der andere eine Version seines früheren Ichs sein könnte?

Mögen wir die Person, die wir in der Vergangenheit zusammen waren, lieber als die, die wir jetzt sind?

Hat einer von uns beiden das Gefühl, dass der andere die Partnerschaft aufgegeben hat und sich nicht darum kümmert, ob wir Erfolg haben oder nicht?

Ist einer von uns der Meinung, dass der andere zu viel Zeit getrennt verbringt, weil wir nicht dieselben Dinge mögen?

Haben wir noch Spaß miteinander, oder finden wir nur noch Spaß, wenn wir unseren eigenen Interessen nachgehen?

Glauben wir, dass wir die richtigen Entscheidungen treffen, um uns gegenseitig glücklich zu machen?

Erwarten wir, dass der andere unsere wechselnden Lebensentscheidungen akzeptiert?

Wünschen wir uns, dass wir die Veränderungen im Lebensstil des anderen mittragen?

Kennen wir unsere Gemeinsamkeiten, auch wenn jeder von uns das Leben auf unterschiedliche Weise erleben möchte?

Mögen und lieben wir uns für das, was wir sind, auch wenn sich unsere Erwartungen an den Lebensstil geändert haben?

EIN WERKZEUG, UM MIT LEBENSSTILEN UMZUGEHEN: ANPASSUNG

Die stärksten Beziehungen sind die, in denen beide Partner sie selbst sein können und sich gleichzeitig gegenseitig respektieren. Du hast es schon einmal gehört: Gegensätze ziehen sich an. Das bringt dann zwei verschiedene Arten von Menschen mit sich, die das Leben auf unterschiedliche Weise betrachten. Du kannst introvertiert sein und dein Partner extrovertiert. Du bist ein Partylöwe, und dein Partner ein Bücherwurm. Du liebst es zu reisen, und dein Partner ist ein Stubenhocker. Wie funktioniert das also in einer Partnerschaft? Wenn dein Plan ist, deinen Partner zu ändern oder zu kontrollieren, damit er etwas ist, was er nicht ist, solltest du das in Frage stellen

Hier ist es nun Zeit dafür, sich und seine Erwartungen anzupassen. Versuche nicht, deinen Partner zu ändern. Akzeptiere, wer er oder sie ist, und interessiere dich für seine oder ihre Sichtweise. Beschäme sie nicht mit Kommentaren über ihren Lebensstil. Wenn du es nicht magst, was dein Partner oder deine Partnerin trägt, was er oder sie isst oder wie er oder sie in der Öffentlichkeit immer mit allen redet, gib dir erst einmal eine Abkühlungsphase, bevor du etwas sagst. Noch besser ist es, wenn du gar nichts sagst. Lass es gut sein. Es ist ihr Leben. Lass sie sie selbst sein, zumindest dir gegenüber, und erlaube ihnen, ihre eigenen Entscheidungen ohne deine negativen Kommentare zu treffen.

Eine weitere Komponente der Anpassung besteht aus der Bewunderung für die Unterschiede deines Partners. Finde etwas in den Unterschieden, für das du ihn loben kannst. Tu etwas für deinen Partner oder deine Partnerin, das ihn oder sie wissen lässt, dass du die Andersartigkeit anerkennst, auch wenn du sie in deinem eigenen Handeln nicht übernehmen möchtest. Wenn dein Partner zum Beispiel gerne Pommes frites bestellt und du denkst, dass frittiertes Essen dich umbringt, bestellst du ihm trotzdem die Pommes frites. Du musst sie nicht essen! Oh, und kommentiere nichts, außer, wenn es positiv ist.

AKTIONSPUNKT
GEHE KOMPROMISSE EIN
MACH EINEN SCHRITT ZURÜCK UND ÜBERPRÜFE, WIE DU
PROBLEME MIT DEINEM PARTNER ANSPRICHST. WENN IHR
DAS NÄCHSTE MAL IN EINEN STREIT GERATET, HALTE INNE,
SCHLIESSE EINEN KOMPROMISS UND LASS ES GUT SEIN.

Die Anpassung deiner Einstellung hält deine Gefühle in Schach und sagt: "Ich bin nicht besser als du", "Ich versuche nicht, dich zu kontrollieren" und "Ich versuche nicht, dich zu ändern". Es sagt: "Ich liebe dich, wie du bist." Wenn du ein Problem mit lästigen Verhaltensweisen hast, weil sie viel zu oft vorkommen, dann ändere das, indem du in aller Ruhe alle Informationen kommunizierst, die nötig wären, um bessere Entscheidungen zu treffen. Anschließend lässt du das Thema ruhen.

Mein Partner hat ein Sprichwort: "Du triffst zuerst deine Entscheidung, dann treffe ich meine." Ich treffe meine Entscheidung, aber ich überdenke sie auch im Hinblick auf die meines Partners. Wenn sich mein Partner mit dem, was ich tue, unwohl fühlt, hat er ein Recht auf dieses Gefühl. Es ist meine Aufgabe als exzellenter Partner, das zu respektieren. Also überdenke ich meine Entscheidung und frage mich, ob sie mir wirklich so wichtig ist. In den meisten Fällen lautet die Antwort nein, also verzichte ich. Wenn du weißt, worauf du dich einlassen solltest, wirst du gewinnen.

Zweifel

Wenn ich irgendetwas in meinem Leben richtig gemacht habe, dann war es die Entscheidung, mit dir zusammenzukommen.

Zweifelst du an den täglichen Entscheidungen und Entscheidungen deines Partners? Das sind Anzeichen für mangelndes Vertrauen und Kontrollprobleme, die eine Partnerschaft in die Defensive bringen können. Stellst du in Frage, wie dein Partner mit bestimmten Situationen umgeht? Äußerst du deine abweichende Meinung, siehst aber, wie dein Partner es trotzdem auf seine Weise macht?

Unterschätze nie, wie sehr Vertrauen eine Rolle dabei spielt, wenn es darum geht, die Entscheidung deines Partners in Frage zu stellen. Wenn du Vertrauen in deinen Partner und eure Beziehung hast, können andere Dinge in eurer Beziehung wachsen. Ohne Vertrauen ist es ganz natürlich, dass du das Vertrauen in deinen Partner verlierst und ihm keine emotionale Unterstützung gibst, wenn er sie braucht.

Wenn du mit deinem Partner solide Entscheidungen triffst, ist es wichtig, dass ihr euch nicht gegenseitig ausschließt. Welche Optionen gibt es neben dem Ergebnis, das du dir wünschst? Welches Ergebnis erhofft sich dein Partner? All das sollte angesprochen werden, bevor du anfängst, an deinem Partner zu zweifeln.

Wenn du deine Gefühle nicht aussprichst oder dich nicht in die Entscheidungsfindung einbringst, kann das zu Verbitterung bei deinem Partner führen, wenn er Entscheidungen trifft.

Hinterfragen bedeutet, dass es an Kompromissen mangelt. Wenn das passiert, ist es in Ordnung, es zuzugeben und zu sagen: "Du hast recht, ich liege falsch."

FRAGEN FÜR DICH UND DEINEN PARTNER

Zweifeln wir oft aneinander?

Hilft es unserer Beziehung, wenn wir uns gegenseitig in Frage stellen?

Zweifeln wir aneinander, weil wir nicht genug über Entscheidungen sprechen, bevor sie getroffen werden?

Haben wir das Gefühl, dass wir unsere Nasen in die Angelegenheiten des anderen stecken, wenn wir Fragen zu Dingen stellen, für die wir nicht verantwortlich sind?

Denken wir, dass jeder von uns ein Recht auf eine Meinung über die Arbeit oder die Hobbys des anderen hat?

Glauben wir, dass jeder von uns das Recht hat, eine Meinung über die Familie des anderen zu haben?

Schließt einer oder beide von uns den anderen aus, wenn wir angezweifelt werden?

Fühlt sich einer oder beide von uns verletzt, wenn der andere eine Entscheidung anzweifelt?

Geht einer von uns zu weit, wenn wir den anderen in Frage stellen?

EIN WERKZEUG GEGEN ZWEIFEL: DENKE ES NUR UND SAGE ES NICHT

Wenn du jemanden sehr gut kennst und auch über seine Schwächen Bescheid weißt (die haben wir alle), wird Zweifeln zur Normalität. Das passiert öfter, als wir es uns wünschen. Es ist, als ob du Insiderinformationen über deinen Partner hättest, und das kann manchmal einfach unfair sein. Alles, was du sagst oder tust, kann vor deinem eigenen Gericht gegen dich verwendet werden.

„Denke es nur und sage es nicht" meint, dass es keine falschen Entscheidungen gibt. Wir können die Dinge später immer noch korrigieren und verändern. Finde dich damit ab, wenn dein Partner nicht das tut, was du für die beste Entscheidung für die Partnerschaft hältst. Hör auf, deinen Partner in Frage zu stellen, und arbeite darauf hin, dass wir uns besser abstimmen.

Nimm eine Strategie des Gebens und Nehmens an, indem du deinem Partner erlaubst, Entscheidungen zu treffen, ohne ihn zu kritisieren. Lasse ihn das Gleiche für dich tun. Dies kann nur durch Kommunikation und Kompromisse geschehen. Lass deinen Partner, auch wenn du nicht einverstanden bist, seinen Weg gehen. Wenn du es denkst und nicht sagst, wirst du vielleicht von den Ergebnissen überrascht sein. Wenn es nicht zum Besten gelaufen ist, mach Vorschläge für zukünftige Situationen und mach weiter.

AKTIONSPUNKT
KOMMUNIZIERT
LASS DEINEN PARTNER DIE NÄCHSTE WICHTIGE ENTSCHEIDUNG TREFFEN. LASS IHN DIE SIE TREFFEN, OHNE ZU ZWEIFELN ODER ZU VERURTEILEN.

Das Leben kann einfacher sein, wenn du weißt, warum dein Partner die Entscheidungen trifft, die er trifft. Alles, was du dafür tun musst, ist zu fragen. Der Schlüssel dazu, deinem Partner zuzustimmen oder ihm zu widersprechen, ohne ihn zu kritisieren, ist, darüber zu reden. In einer Partnerschaft solltet ihr in der Lage sein, einander zu verstehen und zu unterstützen, ohne zu streiten oder nach dem Motto „Wie kannst du es wagen, mein Handeln in Frage zu stellen" zu handeln. Diese Missverständnisse rühren von falscher Kommunikation her. Wenn du voreilige Schlüsse darüber ziehst, was du zu wissen glaubst und was dein Partner denkt, endet das im Unglück. Du kannst keine Gedanken lesen. Stelle Fragen!

Es ist wichtig, daran zu denken, dass Veränderungen schrittweise erfolgen. Wenn ihr diese Gespräche geführt und euch darauf geeinigt habt, wie ihr Entscheidungen gemeinsam treffen wollt, habt ihr eine Strategie des Gebens und Nehmens - ein guter Anfang. Erlaubt euch gegenseitig, Fehler zu machen, und hört auf, euch einzureden, dass euer Partner ständig die falsche Entscheidung trifft. Das hat nichts mit Macht zu tun. Erinnere deinen Partner stattdessen einfach daran, dass er mit Situationen so umgehen muss, wie sie vereinbart wurden.

Ein Teil von „Denke es nur und sage es nicht" ist es, sich daran zu erinnern, dass du falsch liegen könntest. Bedenke, dass deine Zweifel an deinem Partner vielleicht daher rühren, dass du dir selbst nicht vertraust. Ich habe schon oft gedacht, dass mein Partner bei einer bestimmten Entscheidung völlig daneben lag und dass meine Herangehensweise die einzig richtige war, aber als ich anfing, Fragen zu stellen, ergab die Herangehensweise meines Partners einen Sinn, den ich vorher nicht bedacht hatte. Ich war mir nicht sicher, wie ich damit umgehen sollte, aber ich beschloss, einfach einen Schritt zurückzutreten und ihrem Vorschlag zu folgen. Ich mache es mir jetzt zur Gewohnheit, die Entscheidungen meines Partners zu respektieren. Ich muss sie einfach loslassen und ihnen die Entscheidung überlassen.

Es liegt in der menschlichen Natur, zu denken, dass du alle Antworten kennst - dass dein Weg der einzige Weg ist. Aber manchmal hat dein Partner einen besseren Weg. Nimm an, du würdest ihn einfach gewähren lassen. Dränge nicht auf deine Meinung, sondern schließe dich ihr an. Wenn sie sich irren, verurteile sie nicht und reibe es ihnen nicht unter die Nase, als hättest du noch nie einen Fehler gemacht. Gewöhne dir an, „Denke es nur und sage es nicht" anzuwenden.

Frage dich: Wenn ich es noch einmal machen müsste, was würde ich anders machen? Es ist so etwas wie Gnade, einfach zu sagen: „Du hast recht, ich liege falsch."

Lügen

Sei die Person, die den Lippenstift deines Partners ruiniert, nicht seine Wimperntusche.

Eine Notlüge wird gefährlich, wenn sie dazu benutzt wird, deine eigene Haut zu schützen. Es ist schwer vorstellbar, wie eine kleine Lüge so aus dem Ruder laufen kann, aber es ist möglich. Das Problem mit der kleinen Notlüge ist, dass sie deinen Partner dazu bringen kann, darüber nachzudenken, welche anderen Lügen er übersehen hat.

Eine oft übersehene Folge von Lügen ist, dass das Vertrauen deines Partners verletzt wird. Es geht nicht darum, dass sie in der Vergangenheit nicht belogen wurden. Es geht darum, dass sie von dir belogen wurden. Du solltest die einzige Person in ihrem Leben sein, auf die sie sich verlassen können. Jetzt fühlen sie sich betrogen und sind wütend. Jetzt, wo ihre Augen weit offen sind, ist es nur menschlich, dass sie die Vergangenheit noch einmal Revue passieren lassen, um zu sehen, was sie sonst noch verpasst haben. In diesem Netz des Misstrauens können sie nicht anders, als sich dumm und sogar gedemütigt zu fühlen.

Mach dir klar, dass deine Partnerschaft jetzt überall auf Verrat stößt. Lügen und Vertrauen können nicht einfach nebeneinander bestehen. Lügen werden irgendwann das Vertrauen erschüttern.

Wenn dein Partner zum ersten Mal eine Notlüge aufdeckt, ist es nicht schwer zu verstehen, dass er alles, was du sagst oder tust, in Frage stellen wird, bis das Vertrauen wiederhergestellt ist. Wann kommst du nach Hause? Wohin bist du gegangen? Mit wem warst du zusammen? Was hast du gemacht? Vielleicht ertappst du deinen Partner sogar dabei, wie er deine SMS oder E-Mails liest, wenn du nicht da bist. Du musst verstehen, dass du deine Privatsphäre verloren hast, weil du beim Lügen erwischt wurdest. Du hast niemandem außer dir die Schuld zu geben.

Je mehr du lügst, desto mehr wird sich dein Partner schützen. Er wird einen weiteren Ziegelstein zu dieser Mauer hinzufügen, bis es für dich keinen Weg mehr gibt, um sie zu überwinden oder zu umgehen.

Notlügen können Mauern zwischen Partnern errichten. Wenn das passiert, ist es in Ordnung, es zuzugeben und zu sagen: „Du hast recht, ich liege falsch."

FRAGEN FÜR DICH UND DEINEN PARTNER

Belügen wir uns manchmal gegenseitig, um Meinungsverschiedenheiten oder Konflikte zu vermeiden?

Erzählen wir uns manchmal Notlügen, um die Gefühle des anderen nicht zu verletzen? Wann ist das in Ordnung?

Lügt einer oder beide von uns, weil wir glauben, dass wir das Beste für den anderen im Sinn haben?

Lügen wir manchmal, um uns gegenseitig zu schützen? Wann ist das in Ordnung?

Hat einer oder haben wir beide schon mal gelogen, weil wir uns für etwas schämen, was wir getan haben?

Hat einer von uns schon mal gelogen, weil er seine Handlungen nicht erklären oder rechtfertigen wollte?

Lügen wir manchmal, weil es einfacher ist, als die Wahrheit zu sagen?

Lügt einer oder beide von uns, um die Kontrolle zu behalten?

Lügen wir manchmal, um uns nicht gegenseitig zu enttäuschen?

Entwickeln sich unsere Notlügen manchmal zu ernsteren Lügen?

Denken andere Menschen, dass einer oder beide von uns lügen, obwohl wir es nicht tun?

Lügen wir, auch wenn wir die Wahrheit sagen wollen?

EIN WERKZEUG GEGEN LÜGEN: EHRLICHKEIT

Oh! Diese kleinen, harmlosen Notlügen. Schwindeln liegt einfach in unserer DNA. Du weißt schon, die kleinen Lügen, die wir als Kinder beherrschten, um zu bekommen, was wir wollten, und um nicht abgewiesen zu werden.

Wenn deine Mutter sagte, dass du nach den Hausaufgaben spielen gehen kannst, hast du gesagt, dass deine Hausaufgaben schon fertig seien!: Das waren sie nicht. Als wir älter wurden, sparten wir Geld, um auf ein Spiel zu wetten, obwohl du deinem Partner gesagt hattest, dass du es mit dem Glücksspiel bleiben lässt. „Ich habe mit dem Rauchen aufgehört - das ist meine letzte Zigarette!", sagst du und meinst es auch so, bis du einen stressigen Tag hast und deine Willenskraft zusammen mit deinem Versprechen zum Fenster hinauswirfst. Das ist der Moment, in dem du ehrlich sein musst.

Ehrlichkeit als Fähigkeit bedeutet zwei Dinge: Tu, was du versprichst, und verpflichte dich nicht zu etwas, zu dem du nicht bereit bist. Das bedeutet nicht, dass du jeden deiner persönlichen Gedanken preisgeben musst, den du vielleicht hast. Du kannst zwar deine Ansichten manchmal für dich behalten. Das gilt jedoch nicht für die Handlungen, die eure Partnerschaft betreffen.

AKTIONSPUNKT
STELLE DIE FRAGE
KANNST DU NICHT EINFACH VERANTWORTUNG TRAGEN? SEI DAS NÄCHSTE MAL, AUCH WENN DU DER SACHE ÜBERDRÜSSIG BIST, EINFACH EHRLICH UND BEWAHRE DEINE INTEGRITÄT.

Weißt du, woran du erkennst, dass du eine Grenze überschritten hast? Es ist, wenn du deine Lügen rechtfertigst und bis zum Äußersten gehst, um sie geheim zu halten. Du kannst sogar spüren, dass es falsch ist, wenn du es tust.

Rate mal, was passiert, wenn du regelmäßig zu spät zur Arbeit kommst? Du wirst gefeuert, weil sich dein Unternehmen nicht auf dich verlassen kann. Genauso verhält es sich, wenn du beschimpft wirst, weil du deinem Partner gesagt hast, dass du zu einer bestimmten Zeit da sein würdest, aber zu spät kommst. Und warum? Weil sie dir nicht vertrauen oder auf dich zählen können. Du hast es schon einmal gehört. Dein Partner hat gesagt, er kann dir nicht vertrauen, weil...

Höflichkeit ist keine Notlüge. Es ist in Ordnung, persönliche Fragen zum Schutz des Wohlbefindens deines Partners diplomatisch zu beantworten. Nehmen wir an, dein Partner fragt dich, wie er oder sie aussieht, kurz bevor er oder sie auf die Bühne zu einer Veranstaltung geht. In jedem Fall sagst du: „Du siehst toll aus!", denn alles andere könnte die Leistung deines Partners beeinträchtigen. Du kannst ihm später sagen, wie er sein Outfit besser hätte gestalten können. In diesem Moment war die Notlüge aber wichtig für sein Wohlbefinden. Verwende Ehrlichkeit also mit Bedacht. Dein Partner weiß, dass du ihn beschützen willst und dass du sein Bestes im Sinn hast. Du kannst auf eine freundliche Art und Weise ehrlich sein.

Wenn du lügst, steigt dein Stresslevel direkt an. Du magst dich selbst weniger, wenn du lügst. Unehrlichkeit hindert dich daran, du selbst zu sein.

Die ultimative Lösung:
Du hast recht, ich liege falsch

In jeder Situation, in der du darum kämpfst, deinen Partner zurückzubekommen, kannst du immer die ultimative Lösung hervorholen: Du hast recht, ich liege falsch. Sie soll deinen Partner wissen lassen, dass du dich schlecht fühlst, weil du mit ihm nicht auf einer Wellenlänge warst, und dass du nun bereit bist, es besser zu machen. In Wirklichkeit braucht es zwei, um eine Beziehung zu führen. Dein Partner versteht das. Ein Friedensangebot kann nie schaden. Zu sagen, dass dein Partner recht hat und du falsch liegst, ist ein solches Angebot.

Wenn du einen Fehler gemacht hast, solltest du die Verantwortung dafür übernehmen und den Fehler zugeben, ohne die Schuld abzuweisen. Versuche nicht, deine Fehler zu verstecken oder so zu tun, als wären sie nie geschehen. Die Vergangenheit kann zwar nicht geändert werden, jedoch können zukünftige Fehler vermieden werden. Es geht darum, aus deinen Fehlern zu lernen. Steh dazu und sag: „Du hast recht, ich liege falsch.“

Fehler schaden eurer Partnerschaft zunächst nicht. Sie werden zu einem Problem, wenn du deine Fehler nicht eingestehst oder dich verteidigst und rechtfertigst. Diese Verhaltensweisen führen zu Feindseligkeit und mangelndem Vertrauen. Wenn du bereit bist, die Partnerschaft wieder aufzubauen, sage „Du hast recht, ich liege falsch“ und lass den Heilungsprozess beginnen.

AKTIONSPUNKT
DU HAST RECHT, ICH LIEGE FALSCH
BLICKE AUF VERGANGENE SCHLECHTE ENTSCHEIDUNGEN ZURÜCK, WELCHE DIE BEZIEHUNG ZU DIESEM PUNKT GEBRACHT HABEN. ES IST AN DER ZEIT, SICH DAS EINZUGESTEHEN. ES IST AN DER ZEIT, DASS DU SAGST: "DU HAST RECHT, ICH LIEGE FALSCH, WEIL WIR NICHT MEHR AN EINEM STRANG ZIEHEN. ABER DAS ÄNDERT SICH JETZT."

Mach dir diese Fähigkeit zu eigen und begreife, dass du die Macht hast, den Kurs einer scheiternden Beziehung zu ändern. Du kannst die Entscheidung treffen, in einer glücklichen Partnerschaft zu leben. Willst du wirklich in einem Haus mit einem Partner leben, der wütend ist und nicht mit dir spricht? Willst du deine Tage damit verbringen, wütend zu sein, dich in den Wind zu stellen und so zu tun, als würde der andere nicht existieren? Du und ich wissen, dass das Mist ist.

Sei also die größere Person und sag es: "Du hast recht, ich liege falsch" und entschuldige dich dafür, dass ihr nicht mehr auf einer Wellenlänge seid. Überdenke dann deine vergangenen Handlungen und lass deine neuen Entscheidungen diesen Worten Leben einhauchen. Nutze die Fähigkeiten und Erkenntnisse aus diesem Buch, um deine Beziehung neu zu gestalten. Das Gute daran ist, dass du dein Leben - und die Liebe deines Lebens - zurückbekommst. Schon immer, auch jetzt, und in der Zukunft: DIE LIEBE GEWINNT.

BONUS

Worte, die du niemals zu deinem Partner sagen solltest

„Bist du verrückt?"

„Du willst das anziehen?"

„Beruhige dich!"

„Sei nicht sauer. Ich habe doch nur Spaß gemacht!"

„Versteh das nicht falsch, aber..."

„Find dich damit ab!"

„Lass mich in Ruhe!"

„Beeil dich!"

„Ich hasse dich!"

„Das ist mir egal."

„Ich habe dir gesagt..."

„Wenn du es nicht magst, lass es bleiben"

„Das mache ich später."

„Ich bin fertig."

„Das geht dich nichts an!"

„Es ist deine Schuld!"

„Du siehst müde aus."

„Du musst eine Diät machen."

„Du lässt mich nie tun, was ich möchte."

„Du erinnerst mich an meine Mutter."

„Du hättest um Hilfe bitten sollen."

„Du würdest es nicht verstehen."

„Du bist nervig."

„Du stellst eine Menge Fragen."

„Du bist lächerlich!"

„Du hörst mir nicht zu."

„Du hast Unrecht."

„Entspann dich."

„Halt die Klappe!"

„Hör auf zu weinen!"

„Hör auf zu nörgeln!"

„Hör auf zu reden!"

„Das ist nicht meine Aufgabe."

„Was hast du den ganzen Tag gemacht?"

„Was ist denn jetzt los?"

„Warum flippst du so aus?"

Worte, die du öfter zu deinem Partner sagen solltest
„Ich liebe dich."
„Ich vermisse dich."
„Ich brauche dich."
„Es tut mir leid."
„Ich vertraue dir."
„Ich liebe es, mit dir zusammen zu sein."
„Ich liebe es, wie du dich um mich kümmerst."
„Ich liebe es, dich zu küssen."
„Ich liebe unsere Reise."
„Ich liebe das Leben, das wir zusammen geschaffen haben."
„Ich liebe die Art, wie du dich bewegst."
„Ich finde, du bist einfach wunderschön."
„Ich würde es immer wieder tun."
„Ich mache den Abwasch."
„Ich bin verrückt nach dir!"
„Ich bin glücklich mit dir."
„Ich bin so froh, dass du in meinem Leben bist."
„Ich bin so verliebt in dich."
„Ich bin stolz auf dich."
„Ich habe das im Griff."
„Ich habe dich."
„Du bist alles für mich."
„Du bringst das Beste in mir zum Vorschein."
„Du schaffst das."
„Du siehst toll aus!"
„Du machst das Leben leicht."
„Durch dich habe ich den Wunsch, ein besserer Mensch zu werden."
„Du bist brillant."
„Du bist großartig!"
„Du bist mein bester Freund."
„Du bist so schön."
„Du bist der BESTE!"
„Du bist das Beste, was mir je passiert ist."
„Du hast Recht."
„Was denkst du denn?"

Bereit für mehr?

Erhalte 16 zusätzliche Werkzeuge im Online-Workbook

GLEICHGEWICHT

Familie: Partner zuerst
Gesundheit: Du hast es in der Hand
Kinder: OMG
Dampf ablassen: Zehn Minuten

GLEICHHEIT

Konfliktvermeidung: Ein ausgeglichenes Spielfeld
Respektlosigkeit: Warum
Eine Stimme haben: Einfach zuhören
Egoismus: Wir

SICHERHEIT

Finanzen: Kooperatives Verhalten
Eifersucht: Es ist einfach falsch
Manipulation: Stopp
Unterstützung: Bestätigung

VERTRAUEN

Integrität: Wahrhaftig bleiben
Intimität: Leidenschaft
Beziehungsdynamik: Eigenverantwortung übernehmen
Technologie: Offenes Buch

Erfahre mehr über GEPÄCK-Themen und erhalte 16 Werkzeuge im Online-Workbook:

Gepäckstücke sind die komplizierten Probleme, die wir alle mit uns herumtragen. Für sie gibt es keine einfache Lösung, aber sie können nicht ignoriert werden. Je mehr Gepäck losgelassen wird, desto gesünder kann eine Partnerschaft sein. Im Online-Workbook findest du 16 Werkzeuge, die dir helfen, Gepäck zu beseitigen, das eure Beziehung bedroht.

GLEICHGEWICHT

Sucht: Willenskraft
Depressionen: Es ist echt
Trauma: Ich halte dir den Rücken frei
Wünsche vs. Bedürfnisse: Bring das unter Kontrolle

GLEICHHEIT

Co-Abhängigkeit: Schlechte Programmierung
Bindung: Identität
Den Überblick behalten: Teamwork
Verbitterung: Vergebung

SICHERHEIT

Missbrauch: Skelette
Vergebung: Drück nicht auf die Tasten
Versteckte Finanzen: Finanzielle Untreue
Selbstwertgefühl: Erwartungen

VERTRAUEN

Verlassenheit: Kinderhandschuhe
Täuschung: Es tut weh
Doppelleben: WTF
Emotional abgetrennt: Reinvestieren

Ich liege falsch, du hast recht.

Der untenstehende QR-Code bringt dich zur Online-Plattform

Wenn du dich auf der Online-Plattform anmeldest, hast du Zugang zu Folgendem

Workbook mit zusätzlichen Werkzeugen Lektionen, Tipps und Beispiele Motivierende Paarberatung

www.Duhastrechtichliegefalsch.de

www.artandliving.com

Ich liege falsch, du hast recht
Es geht darum, täglich Entscheidungen zu treffen, die im Einklang mit deinem Partner stehen

In diesem Buch geht es darum, dir zu helfen ein großartiges Leben und eine tolle Partnerschaft zu führen

ÜBER DEN AUTOR

ES GIBT IMMER
HOFFNUNG
GONZALO

.

www.ingramcontent.com/pod-product-compliance
Lightning Source LLC
Chambersburg PA
CBHW051144120626
46547CB00012B/936